Leander Greitemann

UNFOG YOUR MIND

Perspektivwechsel für mehr Lebenslust und LeichtSinn

verlag hermann schmidt

**Über dem Nebel ist
blauer Himmel**

Intro

Dieses Buch richtet sich an alle, die Lust haben, die Art, wie wir normalerweise denken, fühlen und handeln, in Frage zu stellen. An diejenigen, die dies schon tun und an alle, die genau jetzt damit anfangen wollen. An dich, wenn du nach mehr strebst im Leben und an dich, wenn du zufriedener sein willst, mit dem, was du bereits hast. An jene, die das Gefühl haben, auf der Stelle zu treten und an diejenigen, die entschleunigen und wieder mehr von der Reise mitbekommen wollen. An die Bore- und Burnouts, die Overachiever und Underdogs, an Angsthasen und Draufgänger: Herzlich willkommen!

Ich biete in diesem Buch Gedankenexperimente an und praktische Lösungsansätze für die kopfgemachten Schwierigkeiten des (Arbeits-)Alltags.

Destilliert aus westlicher Philosophie, fernöstlicher Weisheit und aktuellen wissenschaftlichen Erkenntnissen.[1] Erprobt und getestet an meinen persönlichen *Versuchskaninchen* aka Seminarteilnehmern, Coachees und Vortragsgästen der letzten zwölf Jahre. Hausmittel gegen Mindfuck. Nur, dass ich diesen lieber Mind*fog* nenne, da es erstens um den vernebelten Verstand geht, es sich zweitens weniger obszön liest und man es drittens trotzdem gleich aussprechen kann. An solchen kleinen Nuancen habe ich eine diebische Freude, das wirst du noch feststellen.

Ich möchte die Geschichte, wie es zu diesem Buch kam, kurz erzählen. Sie ist einfach zu magisch, um es nicht zu tun:

---

[1] Manchmal sagen Leser:innen zu mir: »Das kenn ich schon!« Meine Antwort: »Das ist gut, aber lebst du es auch?« Einige Ansätze haben ihren Ursprung vor 3.000 Jahren. Lass dich unvoreingenommen darauf ein, auch wenn dir Aspekte mal bekannt vorkommen.

Intro

Im Prinzip habe ich schon mein ganzes Leben den Traum, ein Buch zu schreiben (#bucketlist). Vor einigen Jahren wurde mir im Rahmen meiner Recherchen zum Thema Achtsamkeit und Kreativität ein Buch von Frank Berzbach[2] in die Hände gespielt. Zum einen inhaltlich großartig, zum anderen hat mich aber Look & Feel des Buchs begeistert. Ich dachte mir: »Wenn ich mal ein Buch herausbringe, dann soll sich das genauso anfühlen und aussehen!« Zwei Jahre später, bei einem Tagesseminar in Bayern, spricht mich ein Teilnehmer nach dem Seminar an: Er komme auch aus Mainz und würde mir außerdem gerne ein Buch von seinem Verlag zusenden, da es gut zu meinen Themen passe. Ein paar Tage später erhalte ich das Buch per Post[3] und dazu noch ein weiteres, das die Arbeit in seinem Verlag beschreibt. Außerdem eine Einladung zum Essen, um gemeinsam mit seiner Frau und Geschäftspartnerin über mögliche zukünftige Projekte zu sprechen. Beim Durchstöbern des Buchs über den Verlag stolpere ich – fassungslos – über das oben erwähnte Buch von Berzbach. Das Buch, von dem ich sagte: »So soll mein Buch aussehen!«, war in meinem Wohnort vom Verlag Hermann Schmidt herausgebracht worden, bei dem ich zum Essen eingeladen war! Dass hieraus mein erstes Buch entstehen musste, war mir spätestens nach dem ersten Gespräch klar. Und in diesem Moment schreibe ich dankbar den Einleitungstext für dieses Buch. Vielen Dank Karin und Bertram Schmidt-Friderichs für die wahnsinnige Unterstützung und das mir entgegengebrachte Vertrauen!

2   *Die Kunst ein kreatives Leben zu führen* von Frank Berzbach.
3   *Buchstaben im Kopf* von Antonia Cornelius, das sich dem Phänomen des Lesens aus verschiedenen Perspektiven widmet.

> Dank geht auch an Katrin Schacke, die nicht nur das oben beschriebene Buch von Frank Berzbach gestaltet hat, sondern jetzt auch meines.

Dieses Buch ist mal vorlaut, mal nachdenklich. Pragmatisch-leicht oder hochphilosophisch. Jedes Kapitel nimmt eine andere Perspektive ein auf uns, unseren Verstand und unser Leben. Wenn du das Gefühl hast, dass sich manche Aspekte ähneln, ist das so gewollt. Bei jedem Menschen funktionieren andere Bilder und Gedanken, sodass ich über die unterschiedlichen Ansätze mehr Perspektiven eröffne. Es gibt mehrere Arten, den Inhalt dieses Buchs zu verinnerlichen: Zum einen kannst du es natürlich einfach von vorne bis hinten lesen.[4] Für den hektisch Lesenden von heute (so wie ich manchmal) ist das Buch so gestaltet, dass du problemlos ein Kapitel

aussuchen kannst, das dich anspricht. Du kannst also analog zur Spotify-Playlist dieses Buch auch im Shuffle-Modus lesen. Außerdem bietet jedes Kapitel Einladungen in Form von Experimenten und Lifehacks.[5] Denn erst wenn wir reflektierte Inhalte auch umsetzen oder durchs Umsetzen Inhalte reflektieren, kann sich Veränderung einstellen. Ich freue mich über jede mit mir geteilte Erfahrung dieser kleinen Lebensexperimente. Wer oder was auch immer dir dieses Buch in die Hände gespült hat und wie immer du es lesen wirst, ich hoffe, dass dir die Lektüre ebenso viel Freude und Inspiration beschert, wie mir der Erschaffungsprozess.
Jetzt aber los: *Let's Unfog Our Minds!*

---

[4] Am besten in einem Rutsch, also sag schonmal alle Termine ab :-)

[5] Der Ausdruck kommt von der Idee, sich – wie ein Hacker in einen PC – in sein Leben zu *hacken*, um positive Veränderungen auf simple Art und Weise zu erwirken.

Dieses Buch ist ein Geschenk!

Die Arbeit an einem Buch fordert von Autor*innen und Verleger*innen Selbstdistanz. Wichtig ist nicht, was der Autor gerne schreibt und ebenso wenig, was die lektorierende Verlegerin gerne liest. Im Mittelpunkt der Arbeit an einem Buch steht die Leserin/der Leser, also Sie, die Sie dieses Buch jetzt in den Händen halten – und hoffentlich nicht aus der Hand legen wollen.

Bei diesem Buch war das auch so – und doch war vieles anders...

Während Leander Greitemann und ich am Text feilten, Katrin Schacke und Bertram Schmidt-Friderichs sich gestalterische und herstellerische Details ausdachten und wir exakt im Zeitplan in Druck gingen, wurde die Welt eine andere. Fast auf den Tag genau ein Jahr nach den Unterschriften auf dem Verlagsvertrag kamen die Paletten mit den Büchern aus dem Allgäu – nur war keiner im Verlag, die Buchhandlungen waren geschlossen, Deutschland im Lockdown. Und in unseren Köpfen nichts als nebelige Sorgen...

In diesem Moment wurde ich von der Verlegerin zur Leserin.

Ich las dieses Buch, aber nun nicht mehr mit dem kritischen Blick, der jedes Wort auf die Goldwaage legt, den Stift gezückt für Anmerkungen und Anregungen – jetzt las ich die Texte, wie Sie sie lesen werden: gespannt und entspannt. Und sie halfen, die Sorgen zu vertreiben, die Krise anders zu sehen.

Als die Nachricht vom Ende des Lockdowns durchdrang, rief ich sofort Leander Greitemann an. Wir verabredeten uns für den nächsten Montag. Statt ihm sein erstes Buch mit einer Umarmung des Glücks und der Dankbarkeit zu überreichen, warf ich es ihm zu. Wir lieferten aus, nicht wissend, wie schnell der Buchhandel überhaupt wieder vom Versandbuchhandels-Modus in die Normalität zurückfinden würde. Wir taten das, weil wir wussten: Dieses Buch war nicht für die Krise geschrieben – aber es war das Buch gegen die Krise. Das erwies sich als wahr.

Keine zwölf Monate später schreibe ich auf Wunsch von Leander Greitemann dieses Vorwort zur dritten Auflage und danke: Ihnen, lieber Leander Greitemann für eine tolle Zusammenarbeit und die Power Ihrer Worte. Den Leserinnen und Lesern, die diese Nachauflagen in Rekordzeit möglich machten. Sie haben das Buch verschlungen und weiterempfohlen.

Jetzt wünsche ich Ihnen viel Freude, wertvolle Erkenntnisse, anregende Denkanstöße, motivierende Lifehacks und vor allem viel Spaß mit Unfog your Mind!

Herzlich Ihre Karin Schmidt-Friderichs

Inhalt

14 Kapitel 1
**Ich denke, also spinn' ich, denn:
Die Gedanken sind frei!**

26 Kapitel 2
**Auf dem Mount Everest ist Stau.
Das Ziel liegt im Weg.**

34 Kapitel 3
WIR ist das neue MIR.

42 Kapitel 4
Perspektiefe. An Realitätsverlust leiden kann ein guter Anfang sein.

54 Kapitel 5
Die Nä!-Maschine.

64 Kapitel 6
JA zum Nein sagen.

72 Kapitel 7
TaktVollKontakt.

82 Kapitel 8
Routiniert Routinen rotieren.

90 Kapitel 9
Fang etwas mit dir an.

98 Kapitel 10
**Der Mandala-Effekt.
Wir denken und handeln musterhaft.**

Inhalt

108 Kapitel 11
Likewise.

118 Kapitel 12
**Man ey, Money:
Geld allein macht auch nicht unglücklich.**

126 Kapitel 13
**Mindfog und Bluebird.
Über dem Nebel ist blauer Himmel.**

140 Kapitel 14
52 / 17 ist das neue 24 / 7.

146 Kapitel 15
Morgen leb' ich im Jetzt, versprochen!

158 Kapitel 16
Die toten Winkel des Ego.

170 Kapitel 17
**Wenn das Glas halb leer sehen
schon die halbe Miete ist.**

178 Kapitel 18
**Facepalm. Hinter der Stirn liegt der
innere Schweinhund begraben.**

190 Kapitel 19
Konflikte flicken: Flick dich selbst!

202 Kapitel 20
Selbstoptimierung selbst optimieren.

GEDANKEN SIND FREI

Kapitel 1

Ich denke, also spinn' ich, denn: Die Gedanken sind frei!

Seit jeher krankt die Menschheit an der übermäßigen Identifikation mit den eigenen Gedanken. Im Jahre 1637 formuliert der Philosoph Descartes einen Satz, der dieses Missverständnis festzurrt: »Ich denke, also bin ich«.[6] Wenn jeder meiner Gedanken Ausdruck meines Selbst ist, dann möchte ich bitte nicht Ich sein! Von bescheuert bis gemein über unverschämt und reif für ernsthafte medizinische Untersuchungen kann an einem normalen Tag alles dabei sein. Du bist nicht deine Gedanken, deine Gedanken sind frei! Sie machen, was sie wollen. Niemand kann sie stoppen, wie es in dem schönen Volkslied[7] besungen wird, auch du meist nicht! Der

---

[6] Er hat sich dazu noch wesentlich mehr Gedanken gemacht, denn er ist ja schließlich wer (hehe). Sie spielen aber über diesen einen Satz hinaus keine Rolle für dieses Kapitel. Also Descartes-Jünger, wenn es euch noch gibt: Bitte nicht böse sein über diesen verkürzten Seitenhieb.

[7] »Die Gedanken sind frei, wer kann sie erraten? Sie fliehen vorbei, wie nächtliche Schatten. Kein Mensch kann sie wissen, kein Jäger erschießen. Es bleibet dabei: Die Gedanken sind frei.« (Zuerst veröffentlicht von Hoffmann von Fallersleben und Ernst Richter 1842).

Philosoph Schopenhauer würde sagen: Du kannst zwar tun was du willst, aber kannst du auch wollen, was du willst? Daher sind die Gedanken leider oft auch Brei. Ob es nun einen freien Willen gibt und wie der genau aussieht, ist in diesem Zusammenhang nicht relevant. Für unsere Zwecke nehmen wir an, dass Gedanken kommen und gehen. Wir entscheiden uns, ob wir uns mit ihnen identifizieren oder nicht. Wer oder was genau die Entscheidung trifft, darf an dieser Stelle offenbleiben.

> **Experiment**
>
> Nimm dir ein Blatt Papier und Stift. Alternativ kannst du auch in eine Handynotiz diktieren (ins Handy zu tippen wäre zu langsam). Beide Formen des Experiments sind auf jeweils ihre Art spannend – probiere es aus! Jetzt versuche jeden Gedanken zu notieren, der kommt. Mache das ein paar Minuten lang, am besten stellst du dir einen Timer. Du wirst feststellen, dass Gedanken auf unterschiedlichsten Ebenen erscheinen, halte einfach fest, was du zu greifen bekommst. Los geht's!

Schon erstaunlich, was da alles in so kurzer Zeit Minuten hochkommt, oder? Wir haben in etwa 70.000 Gedanken pro Tag. Das ist so, als ob du durch ein großes Fußballstadion gehst und dir von jeder Person einen Gedanken anhörst. Wenn du alle davon ernst nehmen würdest, wärst du mit der Aufarbeitung der Gedanken eines einzigen Tages mehrere Wochen beschäftigt. Um die schönen Gedanken müssen wir uns nicht weiter kümmern, denn sie beunruhigen uns nicht. Freue dich einfach, wenn schöne Gedanken kommen und halte nicht krampfhaft an ihnen fest, denn sie gehen, wie sie möchten. Und auch düstere Gedanken werden nur dann problematisch, wenn du ihnen Handlungen folgen lässt oder dich zu sehr mit ihnen identifizierst. Wenn ersteres bei dir öfter der Fall ist, liest du dieses Buch wahrscheinlich gerade in der Gefängnis-

Ich denke, also spinn' ich

bibliothek. Letzteres passiert uns allen in unterschiedlich starker Ausprägung. Personen mit stark überhöhter Identifizierung mit eigenen negativen Gedanken erhalten die medizinische Diagnose: Spezialfall einer Zwangsstörung. In der amerikanischen Radiosendung (und Podcast) Invisibilia wird die Geschichte von S[8] erzählt. Ich möchte ihn hier zum besseren Lesen Surfer nennen. Surfer ist ein junger Mann, der an der amerikanischen Westküste lebt, gerne surft und auffällig sympathisch daherkommt – ein Klischee-Kalifornier würden wir sagen. Eines Abends schaute er mit seiner Frau *City of God*, einen Film, bei dem viel explizite Gewalt in den Straßen Brasiliens gezeigt wird. Währenddessen begannen sich die brutalsten Gedanken in seinen Kopf einzunisten, die ihn zutiefst verstörten. Der schlimmste: *Murder your wife!* – Bring deine Frau um. Je mehr ihn diese Gedanken erschreckten und er sich dagegen stemmte, desto schlimmer und detaillierter wurden die grausamen Bilder in seinem Kopf. Sie verschwanden auch in den nächsten Tagen und Wochen nicht. Seine Frau ließ sich durch seine Mordfantasien zum Glück nicht beirren und blieb bei ihm, er aber war kaum noch in der Lage, ein normales Leben zu führen. Es ging so weit, dass er kurz davor war, sich freiwillig in eine geschlossene Anstalt einzuweisen oder gar umzubringen. Er lebte in permanenter Angst, seine Gedanken in Taten umzusetzen und jemanden in Gefahr zu bringen. Was sollte er tun? Zunächst landete Surfer bei einer Psychotherapeutin, die nach dem Freud'schen Verständnis von Gedanken therapierte, was bis vor einigen Jahrzehnten noch die Mehrheit der Praxen taten. In dieser psychologischen Schule wird davon ausgegangen, dass eine Person aufgrund traumatischer Erfahrungen in der Vergangenheit und der daraus entstandenen Persönlichkeit gewisse Gedanken denkt.

---

8 Zum Personenschutz verwenden sie nur den ersten Buchstaben seines Vornamens.

Will man diese loswerden, beginnt man in der Gesprächstherapie mit dem Einstieg in die Kindheit, Jugend und sonstige Erfahrungen, um im Detail offenzulegen, woher diese Gedanken im Einzelnen kommen. Die besagte Therapeutin zeigte sich durch die brutalen Gedanken von Surfer aufs Tiefste verstört und brach die Behandlung nach einigen Terminen ab – vermutlich aus Angst oder Überforderung. Nach weiterem Suchen und einer Prise Glück landete er schließlich bei einem Psychotherapeuten, der einen gänzlich anderen Ansatz verfolgte. Seit Freud hat sich einiges in der Psychologie verändert und obwohl viele interessante Ansätze in seinen Theorien zu finden sind, nehmen viele Therapeuten heute die Gedanken nicht mehr so ernst und praktizieren eine von zwei Behandlungstherapien: a) dem Patienten verständlich machen, dass seine Gedanken nicht wahr sind und b) die Gedanken urteilsfrei wahrzunehmen und den Fokus achtsam auf etwas anderes zu lenken. Surfer wurde aus einer Mischung von a) und b) behandelt.

Während sich seine erste Therapeutin noch stark beunruhigt zeigte, hatte sein neuer Therapeut Tom Corboy – Spezialist in der Behandlung dieser Art Zwangsstörung – keinerlei Berührungsängste. Seine Methode, Patienten zu zeigen, dass ihre Gewaltvorstellungen lediglich Teil der eigenen Phantasie sind und keinen Bezug zur Realität haben, ist sehr speziell: Er konfrontiert die Gedankenwelt mit der *Realität* – mit Hilfe eines Arsenals an großen Messern, Hämmern, Schraubenziehern, Rasierklingen, Giften und anderen Mordinstrumenten. In der vierten Sitzung, nachdem Surfer durch Meditationsübungen geübt hatte, die Gedanken auszuhalten und sogar bewusst herbeizurufen, sollte er das Messer direkt an den Hals von Corboy halten. *Für 15 lange Minuten.* Danach sollte er seinem Hund die Hände um den Hals legen und dabei über Erwürgen räsonieren. Die Krönung war das große Schneidemesser am Hals seiner Frau in der eigenen Küche. Diese Übungen verlangten Surfer

Ich denke, also spinn' ich

**Du bist nicht
deine Gedanken,
deine Gedanken sind *frei!*
Sie machen,
was sie wollen.**

alles ab und er konnte zunächst nicht mal ein Messer in die Hand nehmen. Er glaubte seinen Gedanken und hatte Angst davor, dass sie sich in der Realität manifestierten. Aber nichts dergleichen geschah. Nach einer gewissen Zeit beruhigte sich sein Herzschlag während der Übungen. Die Gedanken hatten sein Leben nicht mehr im eisernen Griff. Nach der Behandlung beschreibt er sich nicht als völlig frei. Verstörende Gedanken erscheinen immer noch. Aber nun gelingt es ihm, diese einfach wieder ziehen zu lassen. Seine Gedanken waren wieder frei.

Die meisten von uns haben keine derart extreme Verstrickung düsterer Gedanken im Kopf. Dennoch gilt: Ich denke, also spinn' ich! Unliebsame Gedanken erscheinen auch in den Köpfen vermeintlich vollständig erleuchteter Persönlichkeiten. Selbst der Dalai Lama gibt das offen zu. Die Frage ist nur, wie wir mit diesen Gedanken umgehen und wie wir es schaffen, uns nicht zu sehr mit ihnen zu identifizieren. Dieser Zustand wird *Detached Involvement* genannt.[9] Natürlich bist du in deine Gedankengänge involviert! Und zwar zunächst nur du, denn niemand hört deine Gedanken. Aber vor allem bei negativen Gedanken lohnt es sich, eine angemessene Distanz zu wahren und sich nicht zu sehr mit ihnen zu identifizieren. Düstere Gedanken müssen ja nicht immer gleich Mordfantasien sein. Auch Gedanken wie:»Ich bin nicht gut genug, zu dick, zu dünn, zu dumm, zu faul oder ich werde nur geliebt, wenn ich perfekt bin«, können sich in deinem Denkapparat einnisten und dir den Tag oder dein gesamtes Leben verdunkeln. Im Umgang mit trüben Gedanken gibt es angemessene Handlungs- und Denkalternativen: Horizontale und vertikale Mindshifts oder Perspektivenwechsel. Bei einem horizontalen Mindshift geht es um die Erweiterung deines Horizonts, sprich: Dir klar zu machen, dass das Gegenteil genauso wahr sein könnte. Das ist das Äquivalent zum Messer am Hals des Therapeuten. Beweise dir selbst, dass dein Denken nicht die absolute Wahrheit beinhaltet.

Ich denke, also spinn' ich

> **Experiment**
>
> Finde zwei negative Gedanken, die dich regelmäßig heimsuchen und schreibe sie auf.[10] Finde für beide Sätze konkrete Gegenbeispiele, die beweisen, dass du sie so nicht stehen lassen kannst. Manchmal wird dir direkt etwas einfallen, manchmal dauert es ein bisschen. Aber bisher hat noch jeder mindestens eine Situation, meistens aber drei oder mehr gefunden, in denen das Gegenteil der limitierenden Gedanken auch wahr war.

Du kannst horizontale Mindshifts auch experimentell erfahrbar machen. Das erfordert Mut, aber der Effekt für dein Leben kann von unschätzbarem Wert sein! Du hast Angst vor der Zurückweisung durch andere? Überprüfe es! Jia Jiang erzählt im TED-Talk von seinem 100-Tage-Experiment: Jeden Tag mindestens einmal zurückgewiesen werden. Dazu hat er Fremde um 100 Dollar gebeten oder an Haustüren geklopft, um zu fragen, ob er eine Blume im Garten pflanzen darf. Dass er dabei eine Menge gelernt hat, kannst du dir vorstellen. Vor allem aber hat er viel Güte und Großherzigkeit von Menschen erfahren und festgestellt, dass er mit Zurückweisung wesentlich besser umgehen kann, als er es sich in seinem Kopf je hätte ausmalen können. Daher sollte bei all der Reflexion und Bewusstwerdung von Verhaltensweisen das tatsächliche Ausprobieren nicht auf der Strecke bleiben!

---

9   Man könnte es in etwa als *Distanzierte Identifizierung* übersetzen. Klingt aber mal wieder nicht so schön wie in der Originalsprache.
10 Sätze wie: Das schaffe ich niemals, ich bin nicht gut genug, aber auch: Mein Boss/Frau/Mann/Vater behandelt mich schlecht.

Welche Gedanken hast du, die auf Überprüfung durch die Realität warten? Du denkst ...

- dein Boss schätzt deine Arbeit nicht? Frag ihn!
- du hast panische Angst vor Menschen zu sprechen? Probiere es aus!
- du bist schlecht im Zuhören? Mach es einfach!
- andere haben limitierende Gedanken, du aber nicht? Schaue nochmal genau hin!

Story - Time

Mein Vater war bis zu seinem 30. Lebensjahr fest davon überzeugt, nicht vor Menschen sprechen zu können und hat sich um jedes Referat und jede Rede erfolgreich gedrückt. Bei seinem Job als wissenschaftlicher Mitarbeiter an der Uni Köln konnte er aus Scham zu einem Kollegen nicht Nein sagen, als es um einen Vortrag ging. So kam es, dass er sich seiner größten Angst dann doch endlich stellen musste. Um es kurz zu machen: Es lief so gut, dass er direkt im Anschluss Anfragen für weitere Vorträge erhielt und seine größte Angst schließlich zum Beruf machte. Aus der Perspektive des stolzen Sohns – aber auch der vieler anderer – war er jahrelang einer der besten Speaker im deutschsprachigen Raum, mit seiner sagenhaften Hingabe hat er Scharen an Menschen bewegt. Was passiert wäre, wenn er den Gedanken »Ich kann nicht vor Menschen sprechen« nie hinterfragt hätte, können wir nicht wissen. Aber er war sichtlich alles andere als wahr!

Ich denke, also spinn' ich

Wenn dir horizontale Mindshifts durch Reflektieren und Experimentieren keine Erleichterung verschaffen, bleibt noch der vertikale Mindshift.[11] Du musst gar nicht immer versuchen, deine Gedanken in Frage zu stellen. Stattdessen kannst du dich auf eine andere Ebene begeben (daher vertikal) und von dort mit offener Neugierde betrachten. Genau wie Surfer gelernt hat, die Gedanken einfach weiterziehen zu lassen, indem er den Widerstand aufgab, kannst auch du aufhören, dich zu sehr mit Gedanken zu identifizieren. Wir müssen nur weit genug nach oben, um dem Mindfog zu entfliehen. Denn über dem Nebel ist immer blauer Himmel. Oberhalb der Stratosphäre kommt die Stratopause, spätestens dort kannst du dir eine solche nehmen. Ein bis zweimal tief durchatmen und versuchen, von hier oben den kosmischen Witz zu verstehen. Vielleicht gelingt es dir dann, häufiger über die Absurdität deiner Gedanken zu schmunzeln. Oder stell dir vor, du würdest im Schlafanzug auf deinem Balkon mit Kaffee in der Hand in der Sonne stehen und von oben in den heute besonders stark ausgeprägten Berufsverkehr schauen. Die Menschen im Stau sind eine Metapher für deine Gedanken im Kopf. Es wird laut gehupt und gestikuliert mit erhobenem Zeige- oder Mittelfinger. Einige Autos halten den Verkehr zusätzlich auf, die Fahrer kämpfen mit Sekundenschlaf. Da unten im Gemenge fühlt sich das alles extrem wichtig, bedrohlich, ermüdend oder beängstigend an. Mit etwas Distanz (Stichwort Detached Involvement) erinnert es eher an eine Szene aus einem „Werner"-Film. Du beginnst zu akzeptieren, dass du nicht deine Gedanken bist. Deine Gedanken sind frei und du hast die manchmal erheiternde und manchmal verstörende Fähigkeit, sie in deinem Kopf kommen und gehen zu sehen.

---

11 Diesem ist aufgrund seiner Wichtigkeit das komplette Kapitel *Mindfog und Bluebird* ab S. 126 gewidmet.

Mindshift Trockenschwimmen

Beobachte bei anderen, wie sie in ihrer Perspektive festhängen und nur an ihren Gedanken, aber nicht an einer externen, konkreten Wahrheit leiden. Wenn du es bei anderen beobachtest, musst du nur noch den Shift zu dir selbst schaffen und die Erkenntnisse auf deine eigenen Gedanken übertragen.

Horizontale und vertikale Mindshifts

Stelle deine limitierenden Glaubenssätze in Frage oder beobachte sie mit *Detached Involvement*. Aber glaube ihnen nicht! Denn du bist kein Angsthase, Tollpatsch, Idiot oder sonst irgendetwas mit Aufkleber darauf. Entlarve deinen Verstand als das, was er ist: eine sich selbst verklebende Etikettiermaschine.

Ich denke, also spinn' ich

Horizontale Mindshifts erfahren

Finde deine persönliche 100-Tage-Zurückweisungschallenge oder ein Äquivalent dazu. Mach es dir zur Gewohnheit, mehr nachzufragen und Dinge zu tun, von denen du glaubst, dass sie dir keinen Spaß machen oder du sie nicht kannst. Du wirst erstaunt sein, was du über dich noch alles lernen kannst!

Vertikale Mindshifts: Stratopause kultivieren[12]

Nimm ein paar Atemzüge und wechsle radikal die Perspektive. Schaue deinen Gedanken von oben bei ihrem täglichen Wahnsinn zu. Beobachte sie urteilsfrei und versuche, öfter über den Irrsinn zu schmunzeln.

---

[12] So heißt tatsächlich die atmosphärische Grenzschicht zwischen Stratosphäre und Mesosphäre.

Kapitel 2

Auf dem Mount Everest ist Stau. Das Ziel liegt im Weg.

»Nur wer sein Ziel kennt, kann treffen« lautet ein griechisches Sprichwort, welches zielgenau den heutigen Zeitgeist trifft: Auf den sozialen Plattformen kann man den »7 Tage Kurs zum perfekten Body« buchen, erfahren, wie man durch »Bestellungen beim Universum sein Traumleben manifestiert« oder die »drei Schritte zur finanziellen Freiheit« erlernen. An sich ist die Idee, etwas im eigenen Leben und auf diesem Planeten zu bewegen, ja nicht schlecht. Nur lenkt das den Fokus weg von dem Moment, in dem wir eigentlich glücklich sein können: Jetzt![13] »Ich bin unzufrieden damit, wie mein Leben läuft, also versuche ich über harte Arbeit, große Anstrengung und fleißiges Bestellen bei größeren Mächten dafür zu sorgen, dass ich – wenn ich alles richtig gemacht habe – in etwa 10 oder 20 Jahren mein Leben endlich so leben kann, wie ich es möchte.« Das Glück hängt bei diesen Modellen von so vielen äußeren Faktoren ab, die nicht zu steuern sind – da kannst du

---

13   Siehe dazu auch das Kapitel: *Morgen leb' ich im Jetzt, versprochen!* ab S. 146.

auch gleich ins Casino gehen. Um dein Traumleben zu manifestieren, musst du einfach nur die Augen aufmachen und feststellen, dass bereits alles da ist! »Der Weg ist das Ziel« soll Konfuzius etwa 500 v. Chr. gesagt haben und das erscheint mir wesentlich vernünftiger. Warum aufs Glück warten? Und wer garantiert mir dann das Glück? Wenn du nach 20 Jahren harter Arbeit unter Blut, Schweiß und Tränen endlich dein Ziel erreichst – auf dem Cover der *Fit For Fun*, eine Million auf dem Konto, Frau, Haus und Kinder – kannst du froh sein, wenn die Euphorie der Zielerreichung zumindest ein paar Tage hält.[14] Herausragende Gestalten ihres Sports – wie Shaun White im Snowboarden und Michael Phelps im Schwimmen – beschreiben die tiefen Abgründe, die sich auftun, nachdem der Trubel um die mit Goldmedaillen geschmückte Heimkehr abebbt. Wenn du dein Glück nur von dem Erreichen von Zielen abhängig machst, bist du bis zur Zielerreichung verbissen und unentspannt. Falls du dein Ziel überhaupt erreichst, denn die meisten Menschen bekommen die Goldmedaille nicht. Falls es dir jedoch dank sehr harter Arbeit, Entsagung und aufgrund von Glück und Zufällen gelingt, bist du nur kurz sehr high, um danach oft in ein tiefes Loch zu fallen. Wenn du dann sehr zielstrebig[15] bist, suchst du dir schnell das nächste Ziel, damit du die Leere nicht ertragen musst. Und nach dieser Maxime lebt nach wie vor ein Großteil der Menschen in unserer westlichen Gesellschaft. Ich ertappe mich auch immer wieder dabei. Man möchte auf die Knie fallen im Regen, die Fäuste ballen und gen Himmel rufen: »Warum tun wir uns diesen Wahnsinn an?«

Der Gipfel dieses Problems ließ sich in der 2019er Bergsteigersaison beobachten.[16]

---

14   Wahrscheinlich handelt es sich aber eher um maximal ein paar Stunden.
15   Also ein Streber, der sich auf Ziele spezialisiert hat – ein Zielstreber.
16   Pun intended.
17   Vermutlich hat das aber auch schon mal jemand vor mir gesagt.

Mount Everest

Mehrere Nachrichtensendungen titelten: »Auf dem Mount Everest ist Stau«. So viele Menschen wollten den Gipfel besteigen, dass in der sogenannten Todeszone über 7000m die Anwärter auf die Gipfelkreuzbesichtigung Schlange standen. In diesem Jahr kamen 11 Menschen ums Leben. So viele starben sonst nur durch schwere Lawinenunglücke. Häufige Ursache war das sogenannte »Gipfelfieber«, das die Bergsteiger antreibt, obwohl sie eigentlich nicht mehr die Ressourcen haben. Sie sterben dann häufig erst auf dem Abstieg an Erschöpfung. Das Ziel, den höchsten Berg der Welt zu besteigen, bezahlten sie mit ihrem Leben.

Die Folgen des Gipfelfiebers beim alltäglichen Karrierebergsteigen sind meist nicht so offensichtlich wie auf dem Mount Everest. Daher richten wir weiterhin unsere Gesellschaft in großen Teilen nach diesem absurden Konzept aus. Menschen auf dem Sterbebett bereuen meist nicht die verpassten Goldmedaillen, verschenkten Businessopportunities oder, dass sie nicht hart genug gearbeitet haben. Sie bereuen, die Reise nicht genug ausgekostet zu haben. Dass sie sich zu wenig mit den Dingen beschäftigt haben, die wirklich zählen: Echte Verbindungen und Kontakt mit Freunden und Familie und ein ausgewogenes Leben. Wir sind eine Gesellschaft von Zielstrebern mit Gipfelfieber geworden.

Ich würde etwa 2500 Jahre nach Konfuzius sagen: »Das Ziel liegt im Weg!«[17]. Das bedeutet zweierlei:

1. Das Ziel steht oder liegt uns im Weg, wenn wir ein glückliches, erfülltes und je nach Definition sogar auch ein erfolgreiches Leben führen möchten. Wenn wir verbissen und mit Scheuklappen auf den Augen einem Ziel entgegengaloppieren, verpassen wir oft die Einladungen des Lebens, die dieses Ziel nicht unterstützen.

2. Das Ziel liegt im Weg, denn Ziele können immer Teil unseres Weges sein, aber niemals der Endpunkt. Man könnte auch sagen:

Das Ziel ist be-weg-t. Es geht nicht darum, irgendwo anzukommen, aber unterwegs können wir uns zur Unterhaltung natürlich immer wieder Ziele setzen. Ohne Identifikation oder das Gefühl, dass wir nur durch Zielerreichung echtes Glück finden. Ziele sollten flexible Bestandteile der Wanderroute des Lebens sein, denn sie helfen, den ersten Schritt in eine Richtung zu gehen. Ob und wann du wirklich ankommst, ist unbedeutend, wenn es dir um den Weg selbst geht. Worum sollte es auch sonst gehen, wenn du jeden Moment, jeden Schritt des Weges als das wahrnimmst, was er ist: Perfektion. Unzufriedenheit mit deinem Leben entsteht immer nur durch Gedanken, die dich vom jetzigen Abschnitt des Wegs wegbringen. Vornehmlich Gedanken zu erreichten oder verfehlten Zielen (ob sie nun bewusst formuliert wurden oder nicht). Du kannst dich nicht verlaufen, wenn dein Ziel im Weg liegt und nicht den Endpunkt deiner Reise bestimmt. Die Extrarunde im Wald, die zufälligen Begegnungen mit anderen Wanderern sind es, die das Leben liebenswert machen.

> **Als ich am Anfang meiner beruflichen Laufbahn stand,[18] wurde mir mehrfach der gut gemeinte Rat gegeben: »Wenn du es zu etwas bringen willst als Trainer, dann musst du dich fokussieren!« Damals wie heute habe ich sehr viel Zeit mit Dingen verbracht, die, außer der Freude am Tun selbst, wenig Sinn ergeben. Ich habe schon immer Sport geliebt und das Snowboarden**

---

18 Ich werde mich immer am Anfang befinden, aber in diesem Falle meine ich in den ersten Jahren.

Mount Everest

> nimmt seit beinahe zehn Jahren einen sehr großen Platz in meinem Leben ein. Beinah so, als wäre es mein zweiter Beruf. Davor habe ich über Jahre begeistert in Heavy-Metal-Bands gespielt, ebenfalls mit fast professioneller Ambition. Musik beansprucht weiterhin einen großen Teil meiner Zeit. Dazu kommen viele weitere Interessen, Nerd-Hobbies und Ablenkungen. Ohne das je so geplant zu haben, hat jeder dieser Aspekte einen starken Einfluss auf die Art, wie ich heute mein Geld verdiene und auf der Bühne stehe. Dass ich heute eher Speaker als Trainer bin, hat sich zufällig im Laufe des Weges ergeben. Hätte ich all meine Energie auf das Ziel »der perfekte Trainer zu werden« fokussiert, wäre ich heute vermutlich ein schlechterer, zumindest aber anderer oder überhaupt kein Speaker. Denn meine Musik und Bewegungsfreude ist fester Bestandteil meiner Businessvorträge, ich schreibe Songs mit Teams in Seminaren und bei Snowboard-Wettbewerben habe ich Erfahrungen zu Haltung und Einstellung gesammelt. Das war kein ausgeklügelter Plan, es ergab sich im Laufe des Weges so. Und wenn alles anders gekommen wäre, wäre das auch nicht schlimm, denn der Weg bis hier war dadurch wesentlich interessanter und abwechslungsreicher als die gerade Linie den Weg entlang.

»Nur wer sein Ziel kennt, kann es treffen« zitierte ich zu Beginn dieses Kapitels. Wer sein Leben auf die optimale Ziel-Erreichung ausrichtet, findet oft nur den schnellsten Weg, den schon Hunderte vor ihm gegangen sind. Wenn dein Ziel ist, den höchsten Berg der Welt zu besteigen, stehst du vermutlich mit Hunderten im Stau, schwer atmend mit Sauerstoffmaske und abgestorbenen Zehen.

Wenn dein Ziel im Weg liegt, entdeckst du – scheinbar zufällig – unberührte Berglandschaften, die in ihrer verborgenen Schönheit nur der ziellose Wanderer erleben kann!

Den Weg genießen

Wann immer du dich in Alltagssituationen dabei ertappst, auf ein Ziel hinzuarbeiten und dabei das eigentliche Tun aus den Augen verlierst, halte kurz inne und nimm dir die Zeit, den Weg zu genießen. Wenn du z. B. feststellst, dass du beim Lesen dieses Buchs nur darauf fokussiert bist, das nächste Kapitel oder das ganze Buch fertig zu bekommen, beobachte und erfreue dich erneut am Prozess des Lesens selbst – so gut es eben geht :-)

Den Weg frei gestalten

Wenn du dein Glück nicht von der Zielerreichung abhängig machst, hast du auf einmal wieder alle Freiheiten der Welt. Mache mehr von den Dingen, die dir Freude bereiten und nimm dir Zeit, deine Wünsche zu erfüllen. Meist wirst du darüber andere schöne Ziele entlang des Weges entdecken und auf spielerische Weise erreichen. Oder auch nicht. Es spielt dann keine Rolle mehr.

Das Ziel ist bewegt

Trägst du seit längerem ein Ziel mit dir herum, das dir eigentlich gar nicht wichtig ist? Du verfolgst es nur, weil dein Umfeld, die Gesellschaft oder ein Teil von dir es dir vorschreibt? Lass es los - auf zu neuen Welten! Mal sehen, welche Ziele sich noch im Wege auftun.

MIR
MIR

Kapitel 3

WIR ist das neue MIR.

Astronauten beschreiben nach ihrer Rückkehr aus dem All meist ein tiefes Einheitsgefühl. Von dort oben sieht man keine Ländergrenzen und die Probleme des Alltags verlieren ihre Bedeutung. Dieses Gefühl der All-Verbundenheit ist bei Raumfahrern so üblich, dass es sogar einen Fachbegriff dafür gibt: Der Overview-Effekt.[19] Was Astronauten erfahren, haben Philosophen und die großen Meister der Religionen seit Jahrtausenden auch von hier unten beschrieben. In den ersten erhaltenen Schriften der Menschheit – den Upanischaden des Hinduismus – wird mit dem Ausspruch »tat tvam asi – das bist du« das Eins-Sein allen Lebens mit dem Göttlichen beschrieben. Diese Überzeugung findet sich auch bei Jesus, mit Sätzen wie »Ich und der Vater sind eins« (Johannes 10:30) und dem christlichen Mystiker Meister Eckhart. Fündig wird man ebenso bei Rumi und den mystischen Sufis des Islam, im Buddhismus, Taoismus und

---

19 *Wir* wäre also der passendere Name für die russische Raumkapsel *Mir* gewesen. Falls jemand eine neue Station aufmachen will, wäre mein Vorschlag: *Wir ist die neue Mir.*

Konfuzianismus, sowie den Neu-Platonikern im alten Griechenland oder dem Philosophen Arthur Schopenhauer. Dieser begründet seine Mitleidsethik im Jahre 1840: »Die Rührung und Wonne, welche wir beim Anhören, noch mehr beim Anblick, am meisten beim eigenen Vollbringen einer edlen Handlung empfinden, beruht im tiefsten Grund darauf, dass jenseits aller Vielheit und Verschiedenheit der Individuen, [...] eine Einheit derselben liege, welche wahrhaft vorhanden, ja uns zugänglich ist, da sie ja eben faktisch hervortrat.«[20] Auch die etwas jüngere Quantenphysik beschreibt verschränkte Atomteilchen, welche, über große Distanzen hinweg, eins sind. Verändert sich das eine, so tut es simultan auch das andere. Nach aktuellem Verständnis der Atomphysik ist die starke Abtrennung, die wir zur Außenwelt wahrnehmen, lediglich ein Unterschied in der Energiedichte. Unser Organismus befindet sich im ständigen Austausch mit seiner Umwelt – nicht nur über unsere Nahrung und den Stoffwechsel. Vielleicht habe ich jetzt ja ein Kohlenstoffteilchen oder ein Elektron dessen, was vorher bei dir in einer Haarzelle verarbeitet war, unter meiner Haut. Das, was wir als *Nichts* wahrnehmen, die Luft, besteht genauso aus Teilchen und Energie, wie vermeintlich feste Körper. Die Trennung zwischen mir, dir und dem Tisch da drüben oder zwischen meinem Land und deinem Land, sind nur Fiktionen, auf die wir uns mit anderen Ego-Verständen geeinigt haben (an der ein oder anderen Stelle ist man sich auch nicht so besonders einig).

---

20   Auf diese Weise leistete er damals schon einen wichtigen Beitrag zur Tierethik. Denn diese waren für ihn selbstverständlicher Teil dieses Verständnisses. Auch seine Pudel, die immer Atman hießen (Sanskrit = Weltenseele/Einssein), genossen seine uneingeschränkte Zuneigung.

21   Falls du gerade aus irgendeinem Grund das Buch im Stehen liest, mache dieses Gedankenexperiment mit den Schuhen, auf denen du stehst.

22   Sind fürs Klima auch nicht so prima, diese Raketenstarts.

WIR / MIR

> **Experiment**
>
> Versuche gedanklich jeder Person zu danken, die ermöglicht hat, dass du gerade sitzen oder liegen kannst, worauf du sitzt bzw. liegst.[21] Aus was wurde der Stuhl/das Sofa (oder was auch immer) hergestellt, welche Ressourcen mussten dazu hergestellt oder geerntet werden? Wer hat ihn designed, was braucht es noch für Personen in diesem Unternehmen, damit der Stuhl bei dir landen konnte? Nimm dir die Zeit und denke alle Aspekte durch bis zu dem Punkt, wo die Sitzgelegenheit unter dir angekommen ist.

Auf diese Weise können wir unseren eigenen Overview-Effekt erzeugen, ohne dafür ins All fliegen zu müssen.[22] In unserer Gesellschaft sind wir auf so viele unterschiedliche Menschen angewiesen, dass wir es in einem Leben nie schaffen würden, auch nur einem Bruchteil dafür zu danken. Matt Ridley weist in seinem TED-Talk darauf hin, dass niemand auf der Welt weiß, wie man eine Computer-Maus herstellt. Manche wissen, wie die Sensorik funktioniert, andere wissen, wie man die Elektronik verdrahtet und wiederum andere, wie man an die Rohstoffe kommt oder wie man diese weiterverarbeiten muss. Ein Mensch allein könnte nicht mal dieses kleine Zubehör unseres Computers herstellen.

Ob über spirituelles oder religiöses Bewusstsein, über verschränkte Atomteilchen oder über technische, politische und wirtschaftliche Zusammenhänge: Wir sind verbunden! Und dennoch ist unsere Gesellschaft und Arbeitswelt auf Machtkämpfe und Abgrenzung ausgerichtet. Das Wort Konkurrenz kommt vom lateinischen: »con-currere«, »con-« = Vorsilbe für miteinander, gemeinsam und »currere« = laufen. Die Idee – auch bei sportlichen Wettkämpfen – ist im Ursprung also eigentlich das gemeinsame aneinander Wachsen und voneinander Lernen. Daraus ist im Laufe der Jahre aus irgendeinem Grund »höher, schneller, weiter« im Vergleich zu meinen Nächsten geworden. Wir suchen nach Situationen, in denen wir besser sein können als andere, wo wir sie schlagen können: Beim Monopoly, in sozialen Netzwerken, beim Ellenbogen-Karrierewettlauf und sogar in der Familie oder im Freundeskreis. Wir wollen *Win-Lose* (ich gewinne, du verlierst) spielen und sorgen so unwillentlich dafür, dass der Verlierer in der nächsten Runde alles dafür tut, nicht wieder zu verlieren. Dabei zieht er in der Regel die vorherige Gewinnerin mit in den Abgrund. Das Resultat: *Lose-Lose*. Niemand gewinnt auf Dauer, wenn das Ziel ist, besser dazustehen als alle anderen. Selbst in der rein auf Rationalität beruhenden Spieltheorie hat sich im wiederholten Gefangenendilemma[23] das mittlerweile sehr berühmte *Win-Win* als die lukrativste Strategie herausgestellt. Jeder gewinnt für sich selbst am meisten, wenn beide Seiten kooperieren und am gemeinsamen Ganzen interessiert sind. So hat die moderne Spieltheorie auf gewisse Weise die Aussagen der großen Weisen, wie Jesus, Muhammed und Buddha, bestätigt.

Auch die deutsche Sprache liefert einen Hinweis auf den Wahnsinn der künstlichen Trennung von Ich und Du: Denn erst durch diese Zwei-Teilung entsteht Ver-zwei-flung, Zwie-spalt und Zwei-fel. Ich schade mir selbst, wenn ich mich über andere stelle. Denn die anderen sind nicht getrennt von mir zu verstehen – spirituell, physikalisch und ökonomisch sind wir eins. Wir sollten die Ellenbogen also nicht für Seitenhiebe und mehr zum Einhaken benutzen, auch und besonders dann, wenn wir vorwärts kommen wollen.

Vor einigen Jahren hat Larry Scherwitz 600 Personen im Rahmen einer Langzeitstudie befragt. Dabei stellte er fest, dass das Risiko, einen Herzinfarkt zu erleiden und daran zu sterben, durch die Sprache und damit die Ausrichtung des Lebens bedingt ist.

WIR / MIR

Menschen, die oft »ich, meins, mein« benutzen, haben ein deutlich höheres Herzinfarkt-Risiko als Menschen, die vermehrt »wir, unser, uns« benutzen. Die Sprache steigert das Risiko mehr als Rauchen, erhöhter Cholesterinspiegel oder hoher Blutdruck. Wenn Menschen Worte benutzen, stehen dahinter Gewohnheiten und Ansichten. Was ist der Person wichtig, wie verbringt sie ihre Zeit? Larry Scherwitz prägte in diesem Zusammenhang den Begriff des *Self-Involvement*. Wie sehr bist du von dir selbst vereinnahmt? Wenn du für deine Gesundheit schon mit dem Rauchen aufgehört, das fettige Essen reduziert und Entspannung in dein Leben integriert hast, dann wird es höchste Zeit, mehr *Wir* in dein Leben zu lassen.

Am 28. August 1963 hatte jemand genau das vor, als er aufstand und sagte: »I have a dream that one day on the red hills of Georgia, the sons of former slaves and the sons of former slave owners will be able to sit together at the table of brotherhood.«[24] Die Idee von Martin Luther King war nicht: Den Weißen zahlen wir es heim, die machen wir fertig! Seine Idee war: Lasst es uns zusammen hinbekommen. Damit hat er Massen mobilisiert, auch viele Weiße. So jemanden bräuchtest du auch für dein Team, deine Familie, deinen Freundeskreis? Weißt du, wer diese Person ist? Das bist du! In allen Spielen, in denen du mitspielst, bist du derjenige, der aufstehen und eine Veränderung einleiten kann. In dem Moment, in dem dir auffällt, dass *Win-Lose* oder schon *Lose-Lose* gespielt wird, ist es sogar deine Pflicht dir selbst und den anderen gegenüber. Du musst

---

23 Der Exkurs würde uns vom Weg abbringen. Bei Interesse nachforschen: Iteriertes Gefangenendilemma.
24 Sicherheitshalber auch auf Deutsch: Ich habe einen Traum, dass eines Tages auf den roten Hügeln von Georgia die Söhne früherer Sklaven und die Söhne früherer Sklavenhalter miteinander am Tisch der Brüderlichkeit sitzen können.

deine Rede ja nicht zwangsläufig mit »I have a dream...« anfangen[25], wenn es dir zu pathetisch klingt. Schenke Vertrauen, bevor du es erwartest! Gebe, ohne auf Gegenleistung zu hoffen, baue das System so um, dass es sich für den Einzelnen mehr lohnt, zusammen zu spielen und nicht gegeneinander.

Das Schöne: Gott ist schlecht in Mathe – wie der südafrikanische Erzbischof und Friedensnobelpreisträger Desmond Tutu sagt – wir bekommen mehr, wenn wir an andere geben. Neben einem guten Gefühl, erwiderten Gefälligkeiten und einem Einzahlen in den, über Interkonnektivität geteilten, Topf, gibt es auch viele Verhaltensweisen, die dir selbst und zugleich der Welt etwas bringen. Mehr Fahrrad fahren oder weniger Fleisch essen ist gut für deine Gesundheit und die des Planeten. Es muss nicht nur um Verzicht, Genügsamkeit und Altruismus gehen: Ob Egoist oder nicht, du bekommst am meisten für dich, wenn du anderen gibst!

Schicke die WIR ins All

Genug *Mir!* Baue in deinen Alltag kurze Momente ein, in denen du die Verbundenheit mit der Welt spürst. Klingt esoterisch-spirituell und wenn du möchtest, ist es das auch. Aber du kannst es auch sehr pragmatisch angehen. Du kannst entweder über die haptische Wahrnehmung mit deinem Stuhl oder dem Boden unter deinen Füßen

---

25 Aber du könntest.

die Verbundenheit erfühlen oder deine Augen schließen und dich gedanklich mit allen Wesen dieser Erde verbinden.

Stopp *Win-Lose*

In welchen Lebensbereichen definierst du dich über das Besiegen anderer? Ob es im Beruf, Sport, Brettspiel oder sonst wo ist, experimentiere mit einer anderen Geisteshaltung. Was wäre, wenn du der kooperativste Mitspieler aller Zeiten wärst? Wie würde es dir damit gehen? Finde es heraus!

WIR-Projekt

Suche dir ein (zusätzliches) übergeordnetes Projekt, bei dem du der Welt zurückgeben kannst. Geflüchteten helfen, alte Menschen betreuen, weniger Tiere essen, das Fahrrad nehmen, Bahncard 100 kaufen, Auto verschenken. Stelle fest, dass es nicht um Verzicht geht, sondern um die Bereicherung deines Lebens und damit deiner Welt.

PERSPEK

T

IEFE

Kapitel 4

Perspektiefe.[26] An Realitätsverlust leiden kann ein guter Anfang sein.

»Du siehst die Welt nicht wie sie ist, sondern wie du bist«. Dieser Satz wird unterschiedlichen Personen aus verschiedenen Zeiten und Kulturen zugesprochen: Anaïs Nin, dem Talmud, Steven R. Covey oder Immanuel Kant. Meines Wissens nach lässt sich nicht final sagen, woher er genau stammt. Ich bin davon überzeugt, dass es wesentlich weniger Leid auf dieser Welt geben würde, wenn jeder Mensch dieses Zitat in aller Konsequenz verinnerlichen würde. Obwohl sich Philosophen schon seit Jahrtausenden (z. B. Xenophanes 500 v. Chr.), Psychologen (z. B. Ernst von Glasersfeld 1985), Soziologen (z. B. Peter Berger & Thomas Luckmann 1966) und Naturwissenschaftler (Heinz von Förster 1973) seit einigen Jahr-

---

26 Ich wurde von einer Leserin der 1. Auflage auf dieses Kapitel angesprochen: »Das geht ja gar nicht, da sind sogar Rechtschreibfehler in der Überschrift!«. Daher sicherheitshalber: Es geht bei diesem Neologismus darum zu verdeutlichen, dass wir oft tief in unserer Perspektive drinstecken und darüber den Überblick verlieren. Manchmal so tief, dass wir uns nicht vorstellen können, dass man Perspektive auch anders schreiben kann.

zehnten mit dieser Idee beschäftigen, gibt es weiterhin jede Menge Schwierigkeiten auf diesem Planeten. Denn die aus den Theorien resultierenden Schlüsse sind nach wie vor nicht in die Mitte unserer Gesellschaft und damit in unserem Denken, Fühlen und Handeln angekommen.

Im täglichen Miteinander gehen wir davon aus, dass man Recht haben und sich irren kann. »Errare humanum est – irren ist menschlich« schrieb Seneca, als man dies noch auf Latein tat. Aber irren kann ein Mensch nur, wenn er auch Recht haben kann. Meine These lautet: Beides ist nicht möglich. Der Mensch hatte in seiner Geschichte schon unzählige Male *recht:* Eva wurde im Paradies aus Adams Rippe geformt, das Universum dreht sich um die Erde, die eine Scheibe ist[27], Gott ist groß, Allah schlecht, die Illuminati steuern das Weltgeschehen, wir bestehen aus *fester* Materie, der Mann ist das stärkere Geschlecht... Menschen haben gekämpft, gemordet, wurden verbrannt oder sind auf die Straßen gegangen, um für oder gegen diese Überzeugungen einzutreten. Nicht das *Irren,* sondern eine Perspektive zu haben, scheint menschlich zu sein. Und das kann fatale Auswirkungen auf unser tägliches Miteinander haben.[28]

---

[27] Seit einigen Jahren erfreut sich diese Hypothese wieder einer stark ansteigenden Anzahl an Anhängern in der *Flat-Earth*-Community. Die Netflix-Dokumentation *Unter dem Tellerrand* begleitet diese Menschen in ihrem Alltag und ermöglicht dem geneigten Zuschauer Einsichten in die Multiperspektivität unserer verrückten Menschheit.

[28] Mir geht es in diesem Kapitel nicht um eine Wissenschaftskritik, sondern lediglich darum deine Wahrnehmung im Alltag zu hinterfragen. Die Methoden der Wissenschaft sind so gestaltet, dass sie möglichst viele von unseren individuellen Verzerrungen und Wunschvorstellungen ausblenden und sind damit das probateste Mittel, welches uns derzeit zur Sortierung dieser komplexen Realität zur Verfügung steht.

Perspektiefe

Wir können die Welt immer nur so sehen, wie wir zum jetzigen Zeitpunkt in der Lage sind. Wir können glaubhafte Theorien aufstellen, die sich über eine gewisse Zeit bewähren – der Psychologe Glasersfeld würde sagen, sie passen wie ein Schlüssel (= fit) – aber die *Wahrheit* können wir nicht finden. Das Bild, das wir wahrnehmen, entspricht (= match) niemals der Welt *da draußen*. Wir können aber auch nie hundertprozentig wissen, ob wir falsch liegen, denn auch das ist nur eine Annahme aufgrund unserer aktuellen Erkenntnis. Auch die von mir hier dargelegte Idee, dass wir nichts wissen können, kann ich nur vermuten und an meinen täglichen Erfahrungen immer wieder überprüfen. Die meisten Kriege im Großen (Kreuzzüge, Weltkriege, Interessenskriege), im Kleinen (Ehestreitereien, Familienzerwürfnisse, zerrüttete Freundschaften) und auf Individualebene (unerfüllte Erwartungen, Fehlschläge, persönliche Katastrophen) wurden nicht durch *reale* Ereignisse ausgelöst, sondern basieren auf der jeweiligen Wahrnehmung und Deutung. »Es sind nicht die Dinge selbst, die uns beunruhigen, sondern die Vorstellungen und Meinungen über die Dinge« schreibt Epiktet schon 125 n. Chr. Jede Lebenskrise, jede Ehekrise ist zuallererst eine Wahrnehmungskrise.

Gehen wir noch mal einen Schritt zurück und fragen: Wie nehmen wir die Welt denn eigentlich wahr? Das Bild, das wir schließlich sehen, basiert zwar auf den Informationen, die wir über die Außenwelt erhalten, ist aber keinesfalls ein unmittelbares Abbild dieser. Wir haben je Auge einen blinden Fleck, sehen auf dem Kopf, können nur einen sehr begrenzten Teil scharf sehen, jedes Auge sieht sein eigenes Bild und wir blinzeln ständig, um den Augapfel zu befeuchten. Von alldem bekommen wir nichts mit. Unser Gehirn ist in der Lage, aufgrund von Erfahrungen die Lücken zu schließen, vermeintlich Unwichtiges herauszufiltern und ein schlüssiges Bild für uns zu erstellen. Daher sehen wir vor allem, was wir kennen oder erwarten. Deine Weltanschauung bestimmt, wie du die Welt anschaust, die Außenwelt ist der Spiegel deiner Innenwelt. Wenn du viele Horrorstories über Haie gelesen hast, wirst du panische Angst haben, an Stränden ins Wasser zu gehen, wo hin und wieder welche gesichtet werden. Gleichzeitig sterben pro Jahr deutlich mehr Menschen an herabfallenden Kokosnüssen. Weil es aber wenig Filme oder Titelseitenbeiträge zu »Die stille Bedrohung durch Kokosnüsse« gibt, beunruhigt uns dieses *Fallobst* nicht weiter. Man erzählt sich, dass die Ureinwohner den großen Schiffen der Entdecker wie Thomas Cook oder Columbus keine Beachtung schenkten, weil sie diese nicht wahrnehmen konnten. Wenn mehrmastige Segelschiffe in der Erfahrungswelt nicht vorkommen, werden die Sinneseindrücke unterbewusst als Wolkenfetzen oder Flecken auf den Augen interpretiert. Ob es im konkreten Fall nun tatsächlich so war oder nicht, lässt sich heute nicht mehr sagen.[29] Die Wissenschaft ist sich jedoch einig, dass Bildinformationen hochgradig verzerrt aufgenommen werden und unser Gehirn schließlich unsere persönliche Realität konstruiert. Über die Abstufungen der Radikalität dieses Konzepts wird eifrig diskutiert. Der anerkannte Neurologe Anil Seth bringt das Ergebnis von Jahrzehnten Forschung auf der TED-Bühne auf den Punkt: »Wir alle halluzinieren immer. Wenn wir über eine Halluzination übereinstimmen, nennen wir das *Realität*.«

Durch das Internet haben wir mehr denn je die Möglichkeit, uns in die verschiedensten Ansichten hineinzuversetzen, denn wir haben jederzeit Zugang zur Multiperspektivität der Weltbevölkerung. Leider bewirken die Algorithmen von Facebook, Google und Co., dass sich unsere Perspektiven verhärten – #filterbubble. Wir bekommen die Beiträge vorgeschlagen, die wir sowieso gut finden

---

29   Aber auch das passt inhaltlich wieder hervorragend zum Thema dieses Kapitels.

Perspektiefe

**Es sind nicht die
Dinge selbst,
die uns beunruhigen,
sondern die Vorstellungen
und Meinungen
über die Dinge.**

Epiktet

und sehen kaum noch die Gegenseite, wenn wir sie nicht aktiv suchen. Allem Anschein nach wurden im Rahmen der Wahl von Trump in den USA und dem Brexit in Großbritannien unentschiedenen Wählern gezielt Falschmeldungen und Propagandavideos auf Facebook angezeigt, um diese für den eigenen Zweck zu beeinflussen. In der Berichterstattung darüber wird oft übersehen, dass wir sowieso schon immer nur sahen, was wir sehen wollen. Dass wir heute aber nur noch fragmentarische Ausschnitte zu sehen bekommen, innerhalb derer wir dann nochmals filtern, erhöht die Aktualität und Brisanz dieses Themas. Ein reflektierter Umgang mit eigener und fremder Wahrnehmung scheint also wichtiger denn je. Was bedeutet das für unser tägliches Leben und unseren Verstand? Wenn wir übersehen, dass wir im Kopf unsere eigene Welt erschaffen, suchen wir an der falschen Stelle nach Antworten für die Mutter aller Fragen: Wie werde ich glücklich? »Ich brauche nur dieses Auto sowie einen erfüllenden Job und mein Mann müsste etwas entspannter sein, dann kann ich endlich zufrieden sein!« Doch wenn die Wahrnehmung der Welt mit ihren Problemen in unseren Köpfen entsteht, dann können wir im Außen keine Lösungen finden! Das wäre so, als würden wir versuchen, die traurigen Ereignisse im Kinofilm an der Leinwand/Projektionsfläche zu reparieren. Wenn du deine Welt verändern willst, musst du an den Projektor oder die Filmrolle: deinen Verstand. Denn Erfahrungen, Konditionierung, kulturelle Prägung und deine tagesaktuelle Verfassung bestimmen, wie du die Welt heute wahrnimmst. »Schönheit liegt im Auge des Betrachters«, sagt der Volksmund. Immanuel Kant unterschied zwischen dem *Ding an sich*, wie es tatsächlich ist und dem *Ding für sich*, wie wir es schließlich wahrnehmen. Was du schätzt und liebst, finden andere fürchterlich und umgekehrt. Es liegt nicht an der Außenwelt: Kein Mensch, keine Beziehung, kein Gegen- oder Umstand macht dich glücklich oder unglücklich. Das machen deine Interpretationen und Erwartungen.

Perspektiefe

Story - Time

Ein Seminarteilnehmer – nennen wir ihn Heinz – hat mir zu diesem Thema eine schöne Geschichte erzählt: Er war auf Wandertour in den Bergen. Spät abends stieg er in einem dunklen Schlafsaal in die untere Ebene eines Etagenbetts, ohne genau zu wissen, wer sich noch in dem Raum befand. Später in der Nacht wachte er auf, weil die Person über ihm ihr Nachtlicht eingeschaltet hatte und außerdem lautstark die Seiten ihres Buchs umblätterte. Er ärgerte sich über die Person, denn er war von der langen Wanderung erschöpft und hatte einen langen Weg vor sich: »Wie kann man so rücksichtslos sein?«, dachte er sich. Über diesen Gedanken konnte er eine ganze Weile nicht wieder einschlafen. Als er am nächsten Morgen aufstand, war das Bett über ihm leer und er ging in den Frühstücksraum, wo bereits reges Treiben herrschte. Während er auf die belebende Wirkung des Kaffees wartete und über die Erfahrung der Nacht sinnierte, hörte er die Unterhaltung zweier Frauen am Nachbartisch: »... ich habe so schlecht geschlafen! Als ich mich ins Bett gelegt habe, war unter mir noch frei. Aber in der Nacht muss noch ein Mann gekommen sein und der hat dermaßen geschnarcht, dass ich kaum ein Auge zu bekommen habe! Irgendwann blieb mir nichts anderes übrig, als mein Buch zu lesen! Das war eine Nacht!«

Jeder von uns hat eine Anekdote dieser Art zu erzählen und doch ziehen wir oft nicht den tieferliegenden Schluss auf alle Lebensbereiche. Wie oft sind wir verärgert, verunsichert oder gestresst, weil wir die Situation nur auf Basis unserer eigenen, beschränkten Perspektive bewerten! Was wäre passiert, wenn Heinz das Gespräch nicht zufällig mitgehört hätte? Er hätte sich weiter die Geschichte von der rücksichtslosen Mitternachtsleseratte erzählt und seinen eigenen Anteil übersehen. Ein unreflektierter Groll kann dir die schönste Wanderroute verderben. An Realitätsverlust leiden – den Anspruch loszuwerden, dass die Geschichten, die mir mein Verstand erzählt, der Wahrheit entsprechen – kann also ein ganz guter Anfang sein. Du musst es noch nicht einmal herausfinden, wie es Heinz vergönnt war. Wenn du dir schon eine Geschichte über die Nacht erzählst, dann glaube doch lieber die, die dir am wenigsten Stress verursacht. Sage dir, inspiriert durch Sokrates, öfter: »Ich weiß, dass ich es nicht wissen kann« und begegne den Ereignissen und Menschen in deinem Leben mit Präsenz und Neugierde. Dein Verstand erzählt dir wieder zahllose Geschichten über den Charakter des Freunds, der dich verraten hat, liefert dir Gründe, warum die Welt heute wieder schlecht zu dir ist! Aber kannst du das wirklich wissen? Viele vermeintliche Schicksalsschläge bilden das Fundament für die tollsten Begegnungen und Erfahrungen im Leben. Wenn wir knietief in der eigenen Perspektiefe gefangen sind, fällt uns das nicht auf. Woher weißt du, dass die Person, die dich *belogen*, *verraten* oder *benutzt* hat, nicht die nobelsten Gründe hatte? Und außerdem: Wer legt fest, was Verrat oder Ausnutzung ist? Es sind deine Erwartungen, die du auf die Welt projizierst –

Experiment

Erinnere dich an einen Streit in deinem Freundes- oder Familienkreis zurück, bei dem du neutral mit beiden Konfliktparteien gesprochen hast. Was waren die jeweiligen Perspektiven? Was ist die Ursache, dass es zum Streit kommen konnte? Dir fällt vermutlich auf, dass auch diese Krise vornehmlich eine Wahrnehmungskrise aller Beteiligten war. Verletzte Gefühle und engstirnige Ansichten führen dazu, dass die andere Seite des Konflikts nicht mehr gesehen werden will. Von außen – oder besser von oben, aus der Vogelperspektive – kann man oft nur den Kopf schütteln ob der verfahrenen Situation.

Perspektiefe

andere Menschen würden das anders bewerten. Nur wird uns das meist erst Jahre später klar. Wenn wir die *Weiß-nicht-Haltung* praktizieren und mit Offenheit im Jetzt verweilen, ist jeder Augenblick gelebte Perfektion.

Selbst wenn wir das bei anderen immer wieder feststellen, fällt es uns schwer, diese Erkenntnis in die eigenen Konflikte und Unzufriedenheiten zu übertragen: »Ich verstehe das schon mit der Perspektiefe, aber in diesem Fall ist mein Partner wirklich ein rücksichtsloser Idiot!«. Das kannst du ja weiter glauben, wenn du möchtest. Du kannst dein Leben lang immer Recht haben, diese Überzeugung kann dir niemand nehmen! Das wird dann aber ein Leben in Anstrengung, Unzufriedenheit und Verkrampfung.
»Haben oder Sein« fragte Erich Fromm 1976 in seinem heute noch aktuellen Klassiker. Du kannst Recht *haben* oder glücklich *sein*. Du hast die Wahl! Du kannst deine Meinung bis zum letzten Atemzug eisern verteidigen. Du kannst aber auch dem von dir als Streithahn wahrgenommenen Gegenüber unvoreingenommen zuhören – als würde er nicht von dir sprechen.[30] Vielleicht lernst du ja etwas Neues darüber, wie Leute dich manchmal wahrnehmen.
»Verteidigung ist der erste Akt des Krieges«, sagt Byron Katie. Erst, wenn du auf vermeintlich aggressive Äußerungen mit einem Gegenangriff oder anderen Maßnahmen der Verteidigung antwortest, befindest du dich im Krieg der Meinungen. Offenes Zuhören und Verständnis hingegen nimmt deinem Gegenüber den Wind aus den Segeln. Statt eines Streitgesprächs führt ihr nun eine tiefgründige Unterhaltung über Bedürfnisse und Verletzbarkeit.

---

30 Er spricht ja auch nicht von dir, sondern von dem Bild, was er wiederum von dir in seinem Kopf erschaffen hat. Das hat zwar im Entferntesten etwas mit dir zu tun. Aber seine Kritik sagt mehr über sein eigenes Gedankengebäude aus als über dich als Person.

Genau wie hier im Text weiter vorne, wird der Satz von Seneca oft nur zur Hälfte zitiert. Vollständig lautet er: »errare human est, sed in errare perseverare diabolicum – Irren ist menschlich, aber auf Irrtümern zu bestehen ist teuflisch.« Eine Perspektive zu haben ist menschlich, aber auf dieser zu bestehen ist teuflisch. Es geht nicht darum, an nichts mehr zu glauben und mit Fatalismus durch die (im Kopf konstruierte) Welt zu streifen. Überzeugungen können wunderbar sein! Lass uns uns gegen den Klimawandel stellen, für Menschenrechte kämpfen und den Welthunger besiegen. Lass uns (noch mehr) für die Gleichberechtigung von allen Geschlechtern und sexuellen Vorlieben einstehen, Tiere aus den grausamen Fabriken des Todes befreien und die Reichtümer dieser Welt fairer verteilen. Unser Verstand ist ein großartiges Werkzeug, das uns hilft, Berge zu versetzen. Und wenn wir schon eine Realität im Kopf erzeugen, dann doch eine positive, die uns hilft, Gutes zu bewirken. Wenn wir zu starr auf unseren Ansichten verharren und die Geschichten, die wir über uns und andere erzählen, als alternativlos ansehen, verpassen wir die Möglichkeiten für ein gemeinsames Leben in Fülle.

Raus aus der Perspektiefe

Vermute nicht, was andere denken und fühlen, sondern frage nach, wenn du irritiert bist! Wir glauben zu wissen, was in den Köpfen anderer vorgeht, da wir annehmen, dass sie unsere Denkstruktur haben. Das ist meist ein Irrtum. Offener Austausch und Kommunikation zahlt sich immer aus, denn selbst wenn du nichts Neues erfährst, wird die Verbindung dadurch gestärkt.

Realitätsverlust kultivieren

Hinterfrage Gedanken, die dir nicht gut tun. Ein schönes Werkzeug zur Befragung ist *The Work* von Byron Katie. Besonders relevant ist in diesem Zusammenhang ihre zweite Frage: Kannst du dir absolut sicher sein, dass das wahr ist? Oder ist die Umkehrung auch wahr oder wahrer? Wenn das der Fall ist: Warum solltest du dich ärgern? Im Kapitel *Konflikte flicken* gehe ich noch detaillierter auf *The Work* ein.

Nä.
Nä. Nä. Nä. ... ...
Nä. ...
Nä. Nä. Nä. Nä. Nä. Nä. Nä.
Nä. Nä. Nä. Nä. Nä. Nä. Nä.
Nä. Nä. Nä. Nä. Nä. Nä. Nä.
Nä. Nä. Nä. Nä. ... Nä.
Nä. ... ...
Nä. Nä. ... ...
Nä. Nä. Nä. ... Nä. Nä!

Nä. Nä. Nä.
Nä. ... Nä. Nä. Nä. Nä. Nä.
Nä. Nä. Nä. ... ...
Nä!
Nä. Nä. Nä. Nä. Nä. ... Nä!

Kapitel 5

Die Nä!-Maschine.

Soll ich sie/ihn ansprechen? Nä! Mit dem Fahrrad zur Arbeit? Nä! Gebe ich meinem Leben eine 10 von 10? Nä. Meinem/r Geliebten endlich mal sagen, wie dankbar ich dafür bin, dass sie/er immer noch mit mir zusammen ist und mich bedingungslos liebt? Näää! Im Meeting einmal aufstehen und fragen, ob ich der einzige bin, der das Gefühl hat, dass wir hier für zwei Stunden die wertvolle Zeit von 10 Mitarbeitern der Firma verschwenden, indem wir uns mit Texten vollgeladene Präsentationen um die Ohren hauen, während die Hälfte sowieso Mails bearbeitet? Nä! Lieber nicht. Beim nächsten Mal vielleicht...

Die Nä!-Maschine ist ein hocheffizientes Instrument, das unermüdlich und zuverlässig in unserem Kopf eine Naht nach der anderen vernäht. In ihrer Dauerverneinung *beschützt* sie uns vor den Gefahren dieser Welt. Davor, unser Gesicht zu verlieren. Aber auch vor einem Leben in Erfüllung und Abwechslung. Vor der Verbundenheit und Nähe zu anderen. Vor unserem Glück.

Wenn wir uns die menschliche Evolution anschauen, verstehen wir den Ursprung der Nä!-Maschine und müssen uns nicht wundern, warum sie so emsig in unserem Kopf vor sich hin rackert und rattert. Während eines Großteils der Geschichte hat eine falsche Entscheidung oder ein Wagnis zu viel zum unausweichlichen Tod der Menschen geführt, die mit nur leistungsschwacher Nä!-Maschine ausgestattet waren. Ein verstauchter Knöchel, ein aufgeschreckter Säbelzahntiger, ein erzürnter Stammesfürst bedeuteten schnell das Ende der irdischen Existenz. Und damit konnten sich diese glücklosen Individuen weniger fortpflanzen und ihre waghalsigen Gene nicht im Rennen halten.[31] Für dich, der du dieses Buch in den Händen hältst und es bis hierhin gelesen hast, ohne an Hunger zu leiden oder von »Geld her!« brüllenden Messerstechern unterbrochen zu werden, gilt das nicht! Die Ängste sind nur in deinem Kopf. Wirklich lebensbedrohlich sind die wenigsten Situationen in unserem Leben. Wir sollten alles daran setzen, denjenigen auf unserem Planeten zu helfen, die tatsächlich noch um ihr Überleben, ihre nächste Mahlzeit oder medizinische Versorgung fürchten müssen. Die akuten Probleme des (Berufs-)Alltags sind ausnahmslos hausgemachte Kopfgeburten. Dennoch schnattert und rackert die Nä!-Maschine in den meisten Köpfen ohne jegliche Ermüdungserscheinungen. Dabei ist sie in ihren Begründungen hoch variabel und überzeugend:

- das gehört sich nicht
- das klappt eh nicht
- das kann ich nicht
- was sollen die anderen sagen/denken
- jetzt gerade ist einfach ein schlechter Zeitpunkt
- wenn ich nur für mich entscheiden müsste, ok, aber was ist denn mit der Familie
- ich habe einfach nicht die Zeit dazu

Die Nä!-Maschine

- dafür bin ich zu alt
- dafür bin ich zu jung
- mir fehlt das richtige Umfeld.

Nä und nä und nä!

»Lieber eine bekannte Hölle als ein unbekannter Himmel« oder: »Lieber der Spatz in der Hand als die Taube auf dem Dach«.[32] Was wir dabei verpassen, wird uns nicht klar, weil wir es nur wüssten, wenn wir das scheinbar Unmögliche ausprobieren würden. In fast allen Fällen gilt: Wenn wir etwas tun, das außerhalb unserer Gewohnheiten liegt, etwas wagen, das uns ein bisschen kitzelt, dann findet das eigentliche Leben statt! Läuft man nur im Kreis der Gewohnheiten, wird daraus, ehe man sich versieht, das sprichwörtliche Hamsterrad. Da uns ungewohnte Situationen immer mehr fordern, werden wir beinahe gezwungen, mit unserer gesamten Aufmerksamkeit bei dem zu sein, was wir tun. Dies führt bekanntermaßen zu einem erfüllten und glücklichen Leben.

Eine weitere Ursache vom Glück sehen viele große Weisen dieser Welt im Akzeptieren des Lebens, so wie es ist. »Loving what is«[33], »et kütt wie et kütt«, »c'est la vie«, »que será, será« und »hakuna matata« sind die sprichwörtlichen Äquivalente. Wenn wir es schaffen, die Ereignisse, Situationen und Umstände in unserem Leben so zu akzeptieren, wie sie sind, haben wir keine Probleme. Nicht mit unserem Maschinchen im Kopf!

---

31   Obwohl sie aufgrund ihres Naturells sicher wenige Möglichkeiten dazu ausgeschlagen hätten.
32   Wobei ich letzteres nie in Gänze verstanden habe, da Spatzen doch eigentlich die cooleren Vögel sind.
33   Übrigens auch der Titel des sehr empfehlenswerten Bestsellers von Byron Katie.

Das kennt nur das Wort: Nä!. Ein Großteil der Zufriedenheit muss über die Planke ins Haifischbecken, weil wir nicht zufrieden sind mit dem was ist. Stattdessen denken wir uns dank Nä!-Maschine ständig in potenzielle andere Paralleluniversen, in denen es so läuft, wie wir es eigentlich verdient hätten. All diese Gedanken holen uns jedoch weg von dem Moment, in dem wir uns gerade wiederfinden. Wir verpassen die Gelegenheit wahrzunehmen, wie gut es uns geht und wie reich uns das Leben täglich beschenkt. Wenn wir die Geschenke nur als solche wahrnehmen könnten! Wenn aber das Rattern der Nä!-Maschine so laut ist im Kopf, ist es kein Wunder, dass wir die Vögel nicht zwitschern hören und die Einladungen des Lebens verpassen. Zusammenfassend gibt es drei Möglichkeiten, um der Nä!-Maschine elegant Einhalt zu gebieten und damit der Opferrolle zu entfliehen: Love it, change it oder leave it.

Love it: Die große Kunst des Lebens besteht darin, die Dinge im Jetzt zu akzeptieren. Denn sie sind wie sie sind, auch ohne unsere Zustimmung. Wenn wir stets gegen die Realität ankämpfen, verlieren wir Energie, die wir nutzen könnten, um Dinge zu bewegen. Beziehungen, Freundschaften und geschäftliche Partnerschaften werden vor allem dann anstrengend, wenn du dein Gegenüber anders haben willst, als er oder sie ist.[34] Unzufriedenheit entsteht immer durch nicht erfüllte Erwartungen. Gedanken in unseren Köpfen können aber jederzeit überarbeitet oder ersetzt werden. Insofern ist Love it eigentlich nicht eine von drei gleichberechtigten Optionen, sondern vielmehr die Grundhaltung, mit der wir alles tun könnten. Wenn du die Dinge im Jetzt akzeptierst, heißt das nicht, dass sie so bleiben müssen: *Change it!*

---

34   Hinzu kommt, dass deine Wahrnehmung des Gegenübers mehr über dich als über die andere Person erzählt. Mehr dazu im Kapitel: Konflikte Flicken.

Die Nä!-Maschine

Wenn dir dein Job, deine Beziehung, deine Freizeitaktivitäten nicht passen: Verändere sie! Auch wenn es Mut erfordert.

Das kann im Extremfall *Leave it* bedeuten: die ungewünschte Situation verlassen, den Job oder die Freundschaft im Guten kündigen, oder eine Beziehung beenden.[35]

In der Regel lohnt es sich, jeder Situation zunächst mit Akzeptanz im Jetzt zu begegnen. Dann hast du die Hände frei, um mit *Change it* zu sehen, ob du auf spielerische Weise die Situation verändern kannst. Das erfordert Kreativität und eine Portion Mut. Denn wir wissen nie, was passieren wird. Wir haben es vorher ja noch nicht so gemacht. Aber du kannst sicher sein: Es führt zu mehr Lebendigkeit, egal wie es ausgeht. Wenn du dann feststellst, dass eine Veränderung der Situation nicht möglich, oder mit zu vielen unliebsamen Konsequenzen verbunden ist, dann entscheide dich aktiv für das Akzeptieren. Versuche, sie so zu lieben wie sie ist. Und zwar nicht, weil du das Gefühl hast, keine andere Wahl zu haben und dem Schicksal hoffnungslos ausgeliefert zu sein, sondern weil du es so entschieden hast! Du bleibst bewusst in deinem Job, weil dir die Sicherheit für deine Familie das wert ist. Es gibt deshalb derzeit nichts, mit dem du dein Geld lieber verdienen würdest als mit diesem Job. Sonst würdest du noch mutiger nach Veränderung streben oder kündigen. In unserer Alltagsrealität zwingt uns niemand, Dinge zu tun. Uns sind häufig nur die Konsequenzen für die Alternativen zu hoch. Wenn ich auf der Bühne stehe und einen Vortrag halte, mache ich mir immer bewusst, dass ich jederzeit aufhören kann. Mitten im Satz. Niemand kann mich zwingen, meinen Vortrag zu halten, wenn ich nicht will. Bisher habe ich die Bühne noch nicht vorzeitig verlassen, aber ich warte gespannt auf den Tag, an dem ich diese

---

35   Diesem Thema ist das Kapitel *Ja zum Nein sagen* gewidmet.

Alternative einlöse. Das Bewusstmachen dieser Option führt zu jeder Menge Freiheit und Leichtigkeit. Ich kann auch einfach an dieser Stelle aufhören, das Buch zu schreiben, wenn mir nichts mehr einfällt. Ich möchte aber weiterschreiben.

> **Experiment**
>
> Denke den Satz: ich muss heute Abend noch arbeiten! Spüre in dich hinein und schaue, wie sich das anfühlt. Schließe kurz die Augen. Jetzt denke den Satz: Ich möchte/will heute Abend noch arbeiten! Niemand wird dich an deinen Schreibtischstuhl fesseln! Aber wenn du möchtest, dass deine Kollegen nicht schlecht dastehen, du bei deiner Präsentation brillierst oder am Wochenende frei hast, dann willst du heute Abend noch etwas arbeiten. Spürst du den Unterschied? Im Außen ändert sich nichts: Du sitzt abends da und arbeitest, während deine Freunde die Füße hochlegen. Aber im Innen verändert sich die Welt! Du arbeitest, weil du es möchtest! Es gibt nichts, was du lieber tun würdest an diesem Abend. Sonst würdest du das ja tun!

Lass uns das Wort *müssen* ab heute aus dem Sprachgebrauch nehmen. Du musst nicht weiterlesen, wenn du nicht möchtest. Du kannst das Buch auch in diesem Moment in den Schrank stellen und den Fernseher einschalten. »*Leave it* is always an option!« Gedanken wie: »Ich hätte gerne einen anderen Job jetzt und ohne Risiko. Und überhaupt hätte ich lieber Kunst studiert«, sind genauso hilfreich wie: »Wäre ich doch als Delphin geboren worden! Dann hätte ich immer ein Lächeln im Gesicht, frischen Fisch zum Essen, coole Freunde und könnte richtig nice Jumps.« Fakt ist: Du bist als Mensch geboren und außerdem derzeit in dieser Situation. Überlege, was du tatsächlich *jetzt* machen kannst oder wie du *jetzt* mit dir umgehen kannst. Love it, change it or leave it! Nur lass das Nä!-en sein! Denn das führt auf Dauer zu Unzufriedenheit und Verbitterung.

Einfach mal JA sagen

Auch verrückt erscheinende Einladungen des Lebens annehmen und mit der Neugierde eines Wissenschaftlers experimentieren. Frage statt: *Warum?* lieber: *Warum nicht?* Beobachte was passiert!

Sprache anpassen

Nimm das Wort *Müssen* aus dem Sprachgebrauch und ersetze es durch *Wollen*. Wenn du konsequent nach dem *LCL-Mindset* handelst (Love, Change or Leave it), entscheidest du dich aktiv für alles, was du tust. Du musst nichts tun, was du nicht willst. Die Art, wie du denkst, wird durch die Sprache, die du verwendest, beeinflusst. Wenn du anfängst, *Opfer-Wörter* aus deinem Wortschatz zu eliminieren, ist das der erste Schritt einer mentalen Befreiungsaktion. Du musst es nicht, aber vielleicht willst du diesen Lifehack konsequent anwenden.

Sprache anpassen II

Wenn du schon mal dabei bist, dann streiche auch den Satz: »Ich habe keine Zeit für…«. Wenn du irgendetwas hast, dann ist es Zeit. Wie willst du denn keine Zeit haben? Es ist nur die Frage, mit wem oder womit du deine Zeit verbringst. Um Verantwortung für dich und dein Leben zu übernehmen, ersetze den Satz durch: »Dafür will ich mir aktuell keine Zeit nehmen«.

LCL Mindset üben

Wenn du dich das nächste Mal in einer unliebsamen Situation befindest, versuche die drei Handlungsalternativen bewusst abzuwägen: Love it, Change it, Leave it. Mögliche Situationen zum Üben: Stau, Verabredung kommt zu spät, eigene und fremde Fehler, Meetingmarathons, langweilige Partys, verregnete Urlaube…

Kleine Mutproben im Alltag

Zeige so oft es geht, am besten täglich, Verhaltensmuster, die leicht außerhalb deiner Komfortzone liegen:

- **Verteile Komplimente in ungewöhnlichen Situationen**
- **Zeige Dankbarkeit vom Herzen, wenn du es vielleicht aus Scheu nicht tun würdest**
- **Bitte Fremde um Hilfe, wo du es normalerweise aus scheinbarem Anstand gelassen hättest**

Hypothese: Dadurch wird das Verändern (trotz leichter innerer Widerstände) zur Gewohnheit und du übst Mut für Situationen, in denen es echt zählt.

Kapitel 6

JA zum Nein sagen.[36]

In diesem Kapitel geht es um ein anderes Nein als im Kapitel *Nä!-Maschine*. Hier geht es nicht um das innere auf Angst oder Faulheit beruhende *Nä!*, sondern um das oft Mut erfordernde, tief empfundene *Nein*. Ein aus Überzeugung und mit klarem inneren JA! ausgesprochenes Nein kann deinem Leben eine Richtung oder deiner Richtung mehr Leben geben.

> **Nachdem ich meinen ersten großen Vortrag zu den Themen gehalten habe, die ich in diesem Buch beschreibe, war mir klar: Das möchte ich viel öfter machen! Auf diese Art und Weise kann ich in kürzester Zeit den Anstoß zu echter Veränderung bei einer großen Anzahl an Menschen erzeugen. Bis dahin hatte ich mein Geld**

---

[36] Ich hätte das Kapitel auch gerne *The Power of No* in Anlehnung an Eckhart Tolles Erfolgsbuch *The Power of now* genannt, da ich den Witz aber den meisten Menschen hätte erklären müssen und das immer doof ist – wie man hier gerade sieht – hat sich der Titel nicht durchgesetzt.

**Ein aus Überzeugung
und mit klarem inneren *JA!*
ausgesprochenes NEIN
kann deinem Leben
eine Richtung
oder deiner Richtung
mehr Leben geben.**

JA zum Nein sagen

> hauptsächlich mit Seminaren und Workshops verdient. Das hat mir auch Freude bereitet und ich war recht erfolgreich darin. Wenn ich nun weiterhin zu allen Jobs in diesem Bereich Ja sagen würde, dann wäre ich die meiste Zeit mit Organisation, Planung, Durchführung und Nachbearbeitung dieser beschäftigt. Dann bliebe in meinem Leben kein Platz mehr für Vorträge. Also fing ich mit etwas an, das mir nicht besonders leichtfiel: Ich habe Partnern und Kunden *Nein* gesagt zu Moderations- und Trainingsanfragen. Ich musste üben, nicht immer everybodys darling zu sein und hatte zunächst außerdem auch weniger Geld und Planungssicherheit. Dafür aber einen freieren Terminkalender, sodass ich jede Anfrage für Vorträge annehmen konnte und außerdem Zeit und Energie hatte, mich in die Themen meiner Vorträge tiefer einzufuchsen (Podcasts, Youtube, Bücher, Hörbücher, Teilnahme an Seminaren und inspirierende Gespräche). So war ich bei meinen Vorträgen stets perfekt vorbereitet, ausgeschlafen und ausgeglichen und konnte entsprechend ordentlich *liefern*. Auf diese Weise bekam ich beinahe durch jeden Vortrag weitere Folgeaufträge und strukturierte *nebenbei* auch noch meine Gedanken für dieses Buch. Hätte ich weiter Ja zu allem gesagt, was das Leben an mich herangetragen hat, hätte dieser Prozess vielleicht nie richtig Fahrt aufgenommen.

Story - Time

Manchmal heißt das auch Nein sagen zu Freunden oder Bekannten, Nein zu Partys, Nein zu Gefälligkeiten, Nein zu Kunden und Nein zu impulsiven Anwandlungen (Kaufen, Essen, Drogen, Handy). Es gilt zu unterscheiden: Sage ich Nein aus Faulheit oder der Angst vor den Folgen oder treffe ich die Entscheidung zu einem Nein aus vollem Herzen, aus einer lebensbejahenden Haltung heraus – JA

zum Nein sagen. Du spürst den Unterschied, sei ehrlich zu dir!
Ich will damit übrigens nicht sagen, dass ich gegen Gefälligkeiten anderen gegenüber oder Hilfsbereitschaft wäre. Du solltest dir nur deiner Motive bewusst sein. Anderen helfen sollte immer aus der Freude am Helfen oder Zuneigung der Person gegenüber geschehen und nicht aus Angst oder Anpassung. Oder um im Anschluss etwas gutzuhaben.

Ein verzwicktes Thema ist das Nein sagen zu Personen (Freunde, Kollegen, Familie), die uns vermeintlich nicht guttun. Viele Coaches und Speaker da draußen propagieren auf der Grundlage des Zitats: »Du bist die Summe der fünf Menschen, mit denen du die meiste Zeit verbringst« das Marie-Kondo-mäßige Ausmisten des Freundes- und Bekanntenkreises. Ob dir ein Mensch guttut oder nicht, liegt in erster Linie sowieso bei dir, denn du erzeugst deine persönliche Weltsicht innerhalb der vier Wände deines Verstands[37]: »Frank ist eine unfassbar nervige Laberbacke.« Dass Frank dich nervt, hat zunächst damit zu tun, dass du genervt bist.[38] Ich möchte also den Eingangssatz dieses Abschnitts konkretisieren und schreiben: Ein verzwicktes Thema ist das Nein-sagen zu Personen, in deren Gegenwart *wir uns* nicht guttun. Wenn du unzufrieden bist, hat es zunächst wenig Sinn, deinen Bekanntenkreis *auszumisten* und Menschen, die dir scheinbar nicht guttun zu sagen, dass du mit ihnen nichts mehr zu tun haben willst. Solange du mit dir und deinem Leben nicht zufrieden bist, wirst du weiter anderen Leuten die Schuld für deine Misere geben und das Gefühl haben, dass die Welt voller Idioten ist. Fang stattdessen in deinem Kopf mit dem Ausmisten an (im Sinne des Titels dieses Buchs). Wenn du zufrieden

---

37   Siehe Kapitel *Perspektiefe* ab S. 42.
38   Weil du gerne genauso viel reden möchtest wie er, weil er dich unterbewusst an deinen arroganten Statistik-Professor erinnert, oder weil du heute einfach nicht ausgeschlafen bist.

JA zum Nein sagen

Solange du mit dir und *deinem* Leben nicht zufrieden bist, wirst du weiter *anderen* Leuten die Schuld für deine Misere geben und das Gefühl haben, dass die Welt voller Idioten ist.

bist mit dir, ist die Wahrscheinlichkeit, dass andere Personen dich nerven, deutlich geringer. Du wirst vermehrt das Gefühl haben, dass die Welt von großartigen Menschen bewohnt wird.[39]

Ein weiterer Nachteil des konsequenten Meidens von Personen, die dich irritieren, ist, dass du dich nur mit den Personen umgibst, die zu deiner Vision passen, mit denen du bei allem gleicher Meinung bist und die dich nie irritieren. Dann verpasst du jede Menge Gelegenheiten zu kreativen neuen Ideen, neuen Perspektiven auf das Leben oder die Schärfung deiner Ansichten, weil du bewusst reflektieren musst. Die Gefahr, in der sogenannten *Bubble* (also einer Blase, in der alle denken wie du) gefangen zu sein, ist in der Zeit von Social Media sogar noch höher als früher, denn der Algorithmus zeigt dir nur noch Dinge, die dir gefallen könnten und die deinem Weltbild entsprechen.

Aber manchmal ist es auch an der Zeit, Personen aus Privat- oder Berufsleben *Nein* bzw. *auf Wiedersehen* zu sagen und neue Wege zu gehen. Wenn du feststellst, dass du dir im Umgang mit einem bestimmten Menschen auf Dauer nicht guttust, solltest du nicht nur aus Gewohnheit und aus Angst vor Veränderung (Geschäfts-) Beziehungen endlos aufrechterhalten, sondern *Ja* zum *Nein* sagen und dem Leben neue Möglichkeiten geben. Aber nicht aus der Haltung heraus: Diese Person ist schlecht/ungenügend/nervig, sondern: Mir gelingt es nicht, mit dieser Person eine Beziehung aufzubauen. Denn offensichtlich gibt es Menschen da draußen, die diese Person schätzen. Diese leicht veränderte Haltung macht den Unterschied!

---

[39] Personen mit einem negativen Menschenbild erzählen mehr über sich selbst als über die Menschheit.

Nein sagen

Sag Nein, wenn du das Gefühl hast, du würdest es nur aus einem der folgenden Gründe tun: Angst vor Verurteilung, Geld, Faulheit, Anerkennung, Sicherheit, Gewohnheit ...

Das ehrliche Nein kultivieren

Wenn du keine Lust hast, auf einen Geburtstag zu gehen, formuliere es wertschätzend aber ehrlich und erfinde keine halbgaren Ausreden (krank, Kopfschmerzen, andere Termine). So sicherst du dir den Respekt von anderen und vor dir selbst. Außerdem trägst du zu einer Kultur der Offenheit und Ehrlichkeit bei.

TAKT
VOLL
KONTAKT

Kapitel 7

TaktVollKontakt.[40]

Echte Verbindung und tiefer Austausch, im taktvollen Vollkontakt mit unserem Gegenüber, verblasst oft zwischen Selfie-Smalltalk und Instagram-Inszenierung. Die Tendenz, dass es immer mehr um die Außenwahrnehmung und immer weniger um echten Kontakt geht, lässt sich schon seit Jahrzehnten beobachten. Erich Fromm sprach bereits 1976 vom Marketing-Charakter des Menschen, dem künstlich gesteigerten Bedürfnis, sich als jemand darzustellen und permanent das eigene Image zu polieren. Zugunsten der Selbstdarstellung geht oft der Zauber des Augenblicks und der echte Kontakt mit den Menschen um uns herum verloren. Durch die sozialen Medien ist dieser Aspekt noch deutlicher in den Vordergrund getreten. Wir können ein Bild von uns entwickeln, das nur noch die perfekten Momente, verknüpft mit perfekten Gedanken, im perfekten Licht erscheinen lässt. Herr Fromm würde wahrscheinlich sagen: »Ich habe euch gewarnt. Das habt ihr jetzt davon, dass ihr nicht auf mich gehört habt!« Wollen wir jedoch

40 Aussprachempfehlung: Nach dem *Takt* eine sehr kurze, gerade hörbare Pause einbauen: Takt-Vollkontakt.

wieder mehr in echten Kontakt mit anderen treten, ist der erste, offensichtliche, Schritt, Smartphones bei Begegnungen konsequent zu ignorieren.⁴¹ Wir dürfen auch häufiger den Moment genießen, ohne uns zu fragen, wie sich dieser optimal auf den sozialen Medien verwerten lässt.

> **Story - Time**
>
> **Der Sänger Olli Schulz erzählte Jan Böhmermann in ihrem gemeinsamen Podcast von einer Begegnung mit dem Inhaber eines Dönerladens, der großer Schulz-Fan war. Olli nahm sich die Zeit für ein Selfie und aß zusammen mit ihm, wozu er häufig nicht den Nerv hat. Der Dönerladen-Inhaber postete das Bild mit Olli sofort auf Facebook und war von dem Moment an mehr damit beschäftigt, die Likes und Kommentare zu zählen, als die Begegnung mit seinem Idol auszukosten. Das Polieren des Marketing-Charakters war in diesem Moment wichtiger als der Vollkontakt im Augenblick.**

Wo passiert dir das im Kleinen oder im Großen? Wo warst du mehr damit beschäftigt, das perfekte Bild vom Sonnenauf- oder -untergang zu archivieren, das Feuerwerk perfekt zu filmen, statt es zu genießen? Wo hast du die Zeit mit deinen Kindern/Eltern/Freunden genutzt, um deine Email- oder Whatsappablage zu bearbeiten, statt dich völlig auf sie einzulassen?⁴² Dafür benötigt es nur ein bisschen Selbstdisziplin und Bewusstheit. Deutlich mehr verlangt uns der entscheidende Aspekt im TaktVollKontakt ab; das Einladen von

---

41   Außer vielleicht, um eine Eskalation des Rechthabens durch kurze Google-Befragung zu verhindern.

42   Du kannst natürlich auch ohne mediale Ablenkungen den Augenblick verpassen. Wenn du dich in andere Welten träumst, über deine Arbeit sinnierst oder beim Zuhören mehr damit beschäftigt bist, über deine schlaue Antwort nachzudenken, als bei dem zu sein, was dein Gegenüber zu dir sagt.

TaktVollKontakt

Verletzbarkeit in unser Leben. Entgegen des Impulses, den Marketing-Charakter zu optimieren, können wir uns erlauben, uns von allen Seiten zu zeigen. Online geschieht dies tatsächlich schon an der einen oder anderen Stelle. Unter dem Stichwort #bodypositivity zeigen meist Mädels Bilder, geschossen aus ungünstigen Winkeln oder stehen zu sich selbst und ihren Kurven. Auch gibt es ganze Formate, so genannte *Fuck-Up Nights*, die Menschen eine Bühne geben, um von ihren größten Fehlschlägen zu berichten. Dieser Idee folgend können wir auch im alltäglichen Austausch mehr TaktVollKontakt in unsere Begegnungen bringen. Wir können Schwächen zulassen, um Verzeihung bitten und empfundene Fehler der Vergangenheit eingestehen. Mehr Emotionen zeigen, weinen, über unsere Bedürfnisse sprechen oder gemeinsam mit Tränen in den Augen über den kosmischen Witz, die Absurdität des Daseins lachen.

Häufig hindert uns die Angst unser Gesicht zu verlieren daran, tiefe Verbindungen einzugehen. Dass wir uns blamieren oder dann nicht mehr gemocht oder respektiert werden. Unser Gesicht steht für unsere Persönlichkeit, das Image, das wir so mühsam über die Jahre perfekt aufgebaut haben. Das Wort Persönlichkeit kommt von Persona = *(lat.)* Maske, die die Schauspieler im antiken Theater vor ihrem Gesicht getragen haben. Wir sind nicht unsere Persona, unsere Maske, wir sind viel mehr! Wir dürfen auch die schwachen, verrückten und verletzlichen Seiten zeigen und darüber sprechen. Wenn jemand sich verletzbar zeigt, ist die Reaktion der allermeisten Menschen: »Wow ist die mutig. Das würde ich auch gern können!« Es ist ein Zeichen der Stärke, des tiefen Einverständnisses mit uns selbst, Verletzbarkeit zuzulassen. Je mehr du dich verletzbar machst, desto unverwundbarer wirst du. Wenn du nicht mehr an deiner Maske anhaftest, sie nicht versuchst, zwanghaft aufrechtzuerhalten, kann der Verlust dieser dir wenig anhaben.

> **Experiment**
>
> Nimm dir die Zeit und denke an eine Person, mit der du noch ein *unfinished business* hast. Eigentlich steht noch ein klärendes Gespräch aus, damit du dich wieder wohl fühlen kannst in seiner/ihrer Gegenwart. Aber bisher hattest du zu wenig Mut oder zu viel Stolz, um taktvoll Vollkontakt zu suchen.

Wie im Kapitel *Konflikte flicken* beschrieben musst du, um Frieden mit anderen zu schließen, zunächst deinen eigenen finden. Bevor du den Kontakt suchst, reflektiere und finde deinen eigenen Anteil in dieser Angelegenheit. Sonst kommt es schnell zu Anbrüllorgien. Verletzung, Wut oder Unzufriedenheit lassen sich manchmal jedoch nicht vollständig durch reines Reflektieren auflösen. Der taktvolle Vollkontakt mit anderen hilft, im Austausch wiederkehrende Themen abzuschließen. Es ist mitunter beinahe unfair, geschätzte Personen im Umfeld nicht in die eigene Gefühlswelt mitzunehmen. Manche Menschen neigen dazu, Dinge nur mit sich selbst auszumachen und durch die dabei unvermeidlich entstehende Verbitterung den Kontakt zu den scheinbaren Übeltätern abzubrechen. Oder diese zumindest auf Distanz zu halten.

Nichts löst einen Konflikt so schnell (und bringt den Kontakt auf das nächste Level) wie deine ehrliche Entschuldigung für deinen Anteil in der Angelegenheit. Ohne darauf zu hoffen, dass der/die andere sich auch entschuldigt und ohne die Entschuldigung zu missbrauchen, um noch mal auf das vermeintliche Fehlverhalten des Gegenübers hinzuweisen. Wenn du der Empfänger einer Entschuldigung bist, ist der schnellste Weg zur Auflösung des

TaktVollKontakt

Dramas, dich nicht zu sehr in der Verletzlichkeit des anderen zu suhlen (»Ja, genau! Das war fürchterlich, was du gemacht hast!«), sondern zuzuhören und auch den eigenen Anteil an der Misere anzusprechen. Denn es gibt ihn immer. Es kann nicht zum Streit kommen ohne eine gekränkte Reaktion, ein zurück-gefeuertes Wort und einen Verlust der Präsenz und Verbindung mit dem anderen. Du musst dich natürlich nie entschuldigen oder Entschuldigungen annehmen. Aber am meisten schadest du mit dem Verweigern dir selbst. »Sorry seems to be the hardest word«, singt Elton John. Entschuldigungen machen verletzbar und zeigen eigene Fehler auf. Das fällt den meisten von uns verdammt schwer, aber genau davon brauchen wir mehr!

Wenn du diese Haltung verinnerlicht hast, ändert sich die Art deiner Kommunikation beinah automatisch. Wenn du dich inspirieren lassen willst, bieten die Ideen (weniger die strikte Methodik) von Marshall B. Rosenbergs *Nonviolent Communication* (Gewaltfreie Kommunikation) eine gute Orientierung. Nach diesem Ansatz soll die Krisen-Kommunikation auf neutralen Beobachtungen, deinen Bedürfnissen und Emotionen und konkreten Veränderungsvorschlägen in Form einer ehrlich gemeinten Bitte beruhen und nicht auf scheinbaren Fehlern und Schuldzuweisung. Die Sätze sollten weniger so klingen: »Immer ziehst du dein eigenes Ding durch und sprichst dich nie mit uns ab! Wegen deiner rücksichtslosen Art war ich komplett verunsichert! Wenn du so weitermachst, fährt das ganze Projekt gegen die Wand!« Sondern mehr so: »Damit ich mich wohl fühlen kann, hilft es mir, wenn ich genau weiß, wo wir gerade im Prozess stehen und was die nächsten Schritte sind. Ich weiß, dass das mein Film ist, aber ich war in den letzten Wochen zwischendurch echt verunsichert. Meinst du, wir können zukünftig regelmäßig Update-Meetings abhalten?« Meiner Ansicht nach sollte diese Methodik aber immer nur Inspiration und Ansatzpunkt

Je mehr du dich verletzbar machst, desto *unverwundbarer* wirst du.

TaktVollKontakt

für eine gewisse Haltung im Gespräch sein, nicht aber als Werkzeug eingesetzt oder im schlimmsten Fall sogar missbraucht werden, um wieder ein gewisses Ziel effizienter zu erreichen.[43] Dein Gegenüber kann riechen, wenn du gerade eine Methode auf ihn oder sie anwendest. Wie bei allem ist das Entscheidende deine Haltung. Deine tiefe Erkenntnis, dass es nicht darum geht, Schuldige auszumachen.

Vor klärenden Gesprächen haben wir meist eine Heidenangst und unser Gehirn findet genügend – sehr überzeugende – Gründe, warum es heute und generell sowieso keine gute Idee ist, das zu tun. Nä! Lieber nicht.[44] Die Ergebnisse der Hochrechnungen möglicher Folgen haben aber meist wenig mit der tatsächlichen Reaktion deiner Gesprächspartnerin zu tun. Tu es! Wenn du vom Herzen sprichst, sind die Leute öfter berührt als abgestoßen und es setzt immer etwas in Bewegung. Mit einer ehrlich-offenen Haltung, ohne Rechthaben zu wollen, können alle Missverständnisse im Dialog geklärt werden. Wenn die Person darauf überhaupt nicht eingeht und mit deinen Bedürfnissen nichts anfangen kann, dann muss sie ja auch nicht unbedingt weiter eine Rolle in deinem Leben spielen – du musst nicht mit der ganzen Welt ständig im Vollkontakt stehen.

---

43 Anders sieht das aus, wenn bei einem eingefahrenen Konflikt eine Moderation strikt den Punkten folgt. Das kann durchaus hilfreich sein.
44 Das komplette Gedankenkonstrukt dazu gibt es im Kapitel *Die Nä!-Maschine* ab S. 54.

Finish your Business im TaktVollKontakt

Steht noch ein klärendes Gespräch über eine zurückliegende Verletzung aus? Werde dir deines Anteils bewusst, versuche die Jagd nach dem Sündenbock abzublasen und gehe in TaktVollKontakt. Die meisten Konflikte werden von beiden Seiten als schmerzhaft empfunden und es braucht nur eine der beiden Seiten, die den ersten Schritt wagt. Und diese Seite bist in diesem Fall (und in allen anderen auch) du!

Verletzbarkeit üben

Erlaube dir, öfter unperfekt dazustehen. Riskiere etwas! Mach dich zum Affen und »verliere auch mal dein Gesicht«. Stelle fest, dass es nichts zu verlieren gibt, außer deinen anerzogenen Einschränkungen.

BIG TALK

Wenn du in einem Gespräch feststellst, dass ihr im Small Talk gefangen seid – gelangweilt im Austausch von Belanglosigkeiten – halte inne und überlege: Welche Frage kann ich stellen, was kann ich von mir preisgeben, damit aus dieser Unterhaltung ein BIG TALK wird? (Zur Inspiration kannst du dir den TED-Talk von Kalina Silverman anschauen: »How to skip the small talk and connect with anyone«)

ROTIEREN ROUTINIERT ROUTINEN

Kapitel 8

Routiniert Routinen rotieren.

> **Experiment**
>
> Versuche das Buch in deinen Händen anzuheben, indem du bewusst jeden dafür benötigten Muskel einzeln ansteuerst. Wo fängst du an? Schultern? Ober- und/oder Unterarme? Bauch? Wenn es dir geht wie mir, wirst du nicht in der Lage sein, das Buch auch nur einen Zentimeter anzuheben, wenn du versuchst, es auf diese Art bewusst zu tun.

In unserem Gehirn laufen täglich unzählige unbewusste Handlungsautomatismen ab. Einige können wir begreifen und steuern, wenn wir uns darauf konzentrieren (Atmung, Zähneputzen, Meetings) und andere laufen vollautomatisch ohne Kontrolle ab (Insulinausschüttung, Zellenwachstum, Recht haben in der Partnerschaft). Studien zeigen, dass etwa 40% unserer täglichen Handlungen von automatisch ablaufenden Gewohnheiten und nicht von bewussten

Entscheidungen gesteuert werden. Ich unterscheide in diesem Buch zwischen Gewohnheiten – routinierten Handlungsabläufen wie Zähneputzen, Arbeitsweise, welchen Sport du wann wie machst – und Mustern. Letztere sind Denk- und Verhaltensreaktionen, die auf unterbewusst eingravierten Präferenzen beruhen.[45] Die automatisierten Prozesse unseres Gehirns sind zunächst Grund zur Freude, denn ohne sie würden wir es kaum bis zur Haustüre schaffen (oder beim Anheben dieses Buchs scheitern). Wenn wir alles immer neu denken müssten, wären unsere Ressourcen jeden Morgen bereits um 09:30 auf das Niveau des Kölner Karnevalprinzen am Aschermittwoch heruntergewirtschaftet. *Aber*[46]: Wollen wir unser Leben von Mustern und Gewohnheiten dominieren lassen, die uns oft nicht bewusst sind und die sich zum Großteil zufällig herausgebildet haben? Durch kulturelle und individuelle Erfahrungen umfassen Gewohnheiten alle Lebensbereiche: Wie wir mit unseren Mitbewohnern (WG, Familie, Tiere) umgehen und welche sozialen Routinen wir dort entwickeln, wie wir Arbeitsmeetings gestalten, was wir essen, wann und wie wir uns bewegen, wie wir Gespräche führen oder welche Medien wir konsumieren.

Woher wissen wir, dass die Art, wie wir die Dinge tun, die beste für uns ist, wenn wir nicht reflektieren, in Frage stellen und experimentieren? Entgegen des Sprichworts: »Was Hänschen nicht lernt, lernt Hans nimmermehr«, wissen wir dank der modernen Neurowissenschaften, dass Veränderung im Gehirn bis ins hohe Alter möglich ist. Neuroplastizität nennen das die Hirnforscher. Du kannst umschreiben, neu anordnen und hinzufügen – an die Kapazitätsgrenze kommst du sicher nicht.[47]

Wann immer du etwas tust, bilden sich im Gehirn Strukturen. Wenn du mit einer Handlung erfolgreich warst, wird das entsprechende Netz an Synapsenverknüpfungen verstärkt. Durch kontinuierliche

Routiniert Routinen rotieren

Wiederholung verfestigt sich diese Verbindung von einem Trampelpfad zu einem Waldweg und schließlich zu einer Autobahn in deinem Kopf. Je mehr Begeisterung du für eine Sache aufbringst, desto schneller bilden sich neue Verknüpfungen. Botenstoffe wie Adrenalin und Dopamin wirken wie ein Dünger im Gehirn. In der Folge wirst du in der entsprechenden Situation deine neu erlernte gewohnheitsmäßige Handlung automatisch ausüben.

Beim Umgang mit Gewohnheiten gilt die Empfehlung von R^3: Routiniert Routinen rotieren! Warum stellen wir Angewohnheiten nicht immer wieder in Frage und verstehen das Leben öfter als ein spielerisches Experiment, denn als gepflasterte Einbahnstraße? Manchmal braucht es dafür Überwindung oder sogar eine gehörige Portion Mut. Aber auf diese Weise fällt es uns viel leichter, mit all unserer Energie und Leidenschaft im Augenblick zu verweilen. Wenn Menschen mit leuchtenden Augen Geschichten erzählen, handeln diese beinah immer von neuen Entdeckungen, neu erlernten Fähigkeiten oder Abenteuern fernab des Gewöhnlichen.[48]

In seinem TED-Talk berichtet Matt Cutts, ehemaliger Google-Programmierer, von seiner Variante der *30 Days Challenge*[49]. Jeweils 30 Tage lang hat er eine Sache ausprobiert, von der er bis dahin nur geträumt hat: Mit dem Fahrrad zur Arbeit fahren, einen Roman schreiben, Zuckerverzicht usw. Das ist die strukturierte Herange-

---

45 Über den Umgang mit diesen geht es im Kapitel *Mandala-Effekt* ab S. 98.
46 Natürlich gibt es ein aber, du hast doch schon darauf gewartet!
47 Da wir immer mehr Informationen an unsere externe Festplatte aka Handy auslagern können, hast du sogar noch mehr Ressourcen frei für neue Fähigkeiten und hilfreiche Gewohnheiten.
48 Eine große Kunst es natürlich auch, die Schönheit im Alltäglichen zu sehen und Dankbarkeit für das vermeintlich Banale zu kultivieren. Darum geht es an anderer Stelle in diesem Buch.
49 Aus dem Internet eher bekannt als Liegestütz- oder Kniebeugen-Challenge, mit dem Fokus auf rein sportliche Errungenschaften.

hensweise an die R³-Haltung. Anstelle vager Ideen, mal etwas Neues zu probieren, hat er die klare Vereinbarung mit sich getroffen, mehr Spielfreude in sein Leben zu bringen. Jeden Monat neu. Mein 30-Tage-15-Minuten-Yoga-am-Morgen-Experiment wurde auf diese Weise zu einer festen Gewohnheit. Seit nunmehr knapp 1000 Tagen. Hätte ich mir vorgenommen: Ab jetzt mache ich *jeden* Morgen Yoga, hätte ich mit hoher Wahrscheinlichkeit nach einigen Tagen aufgegeben. So wäre die Idee, neben unzähligen weiteren, auf dem öffentlichen Friedhof der Neujahrsvorsätze gelandet. Aber 30 Tage hält jeder durch. Und das entspricht in etwa dem Zeitraum, in dem sich neue Gewohnheiten im Gehirn manifestieren können. So können auf spielerische Weise Dinge in dein Leben Einzug finden, die dir guttun. Und selbst wenn nach dem Experiment wieder alles beim Alten ist, sind die Erfahrungen auf dem Weg immer wertvoll.

Dass auch das Infragestellen der erfolgreichsten Routinen lohnend ist, zeigt uns die Geschichte vom Jazzpianist Keith Jarrett. Dieser spielte dank unglücklicher Umstände 1975 in Köln ein Konzert auf einem minderwertigen, in Teilen defekten Flügel. Da er völlig auf Improvisation beruhende Konzerte spielte, war ihm die technische Exzellenz seiner Instrumente extrem wichtig. Der Veranstalterin und dem ausverkauften Haus zuliebe ging er schließlich doch auf die Bühne. Und das, obwohl er sich nicht vorstellen konnte, wie er mit diesem desaströsen Flügel einen halbwegs zufriedenstellenden Auftritt hinlegen sollte. Die Pedale klemmten und die oberen Lagen waren teilweise verstimmt. Deshalb spielte er vermehrt tiefe, rollierende Muster, teilweise stehend, um mit mehr Kraft die Tasten anzuschlagen. Durch seine offene Haltung und Bereitschaft, seine Gewohnheiten in diesem Moment über Bord zu werfen, erschuf er eine Musik, die so nie dagewesen war. *The Köln Concert* ist sein meistverkauftes Album, das erfolgreichste Jazz-Soloalbum und Klavier-Soloalbum aller Zeiten.

Routiniert Routinen rotieren

Oft liegt im *Chaos* und Unbekannten die *Schönheit des Lebens* verborgen.

Das 30-Tage-Experiment

Vereinbare mit dir ein 30-Tage-Experiment und ziehe es durch. Nimm dir zunächst nicht zu viel vor und mache danach lieber nochmal 30 Tage etwas Neues. Sport, Ernährung, Verhaltensweisen, Kunst, Musik, Digital Detox. Such dir eine Routine, die du verändern möchtest oder erschaffe eine neue. Beachte die SMART-Regel für Ziele:

- Spezifisch – was genau?
- Messbar – wie viel, für wie lang?
- Attraktiv – worauf hast du wirklich Lust? Was würdest du gerne erreichen?
- Realistisch – nicht direkt übertreiben
- Terminiert – na gut, das ist klar: 30 Tage. Also eigentlich brauchst du nur SMAR.

Routiniert Routinen rotieren

Mach es dir zur Gewohnheit, Gewohnheiten in Frage zu stellen. Wenn eine Einladung des Lebens kommt, mal mit deinen Gewohnheiten zu brechen und ungewöhnliche Dinge zu tun, sag ja!

Meta Lifehack

Suche dir einen beliebigen Lifehack aus diesem Buch aus und mache daraus ein 30-Tage-Experiment.

F

AN ANGEN

Kapitel 9

Fang etwas mit dir an.

Im Kopf entstehen alle Probleme und nur dort können sie auch gelöst werden. Der entscheidende Anstoß für geänderte Ansichten entsteht jedoch häufig durch eine neue Erfahrung, neugieriges Experimentieren oder ungewöhnliche Begegnungen. Wir können endlos philosophieren, reflektieren und kontemplieren, wir können zehn Bücher lesen oder hundert. Wollen wir unserem Verstand einen echten Schubs geben, ist Handeln der beste Weg. Deswegen gehe ich gerne zu Seminaren und in Retreats, um wirklich an mir und meinem Verstand zu forschen. »Machen ist wie wollen, nur krasser« habe ich neulich auf einer Postkarte gelesen. Das beschreibt in wunderschöner Plumpheit den Kern dieses Kapitels. Verstehen ist wichtig, aber echte Veränderung entsteht dann, wenn du konkrete Erfahrungen mit theoretischen Konzepten verknüpfen kannst. Im besten Falle verbunden mit einer starken Emotion. Das wissen wir auch aus der Gehirnforschung. Manchmal kann man Dinge auch über-denken! Woher willst du wissen, ob die Dinge, die ich hier aufgeschrieben habe, wirklich für dich funktionieren? Wie willst du wissen, ob sie nicht funktionieren? Indem du anfängst! Wenn uns ein schlauer Wissenschaftler erklärt, dass wir unbegrenzte Kapazitäten in unserem Gehirn haben und bis ins hohe Alter alles lernen können, dann glauben wir ihm (wenn er es auch schlau verpackt). Aber wirklich verstanden, wirklich in unser Leben integriert, haben wir die Konzepte erst, wenn wir persönliche Erfahrungen gemacht haben. Deswegen habe ich Experimente und Lifehacks in dieses Buch eingebaut. Damit du – wenn es dir ernst ist – meine Konzepte für dich selbst überprüfen kannst und anhand der gemachten Erfahrungen deine persönlichen philosophischen Schlüsse ziehen kannst. Oder du baust dir deine eigenen Lifehacks. So kannst du für dich selbst herausfinden, womit du etwas *anfangen* kannst. Im Sinne dieses Buchs: *Unfog* durch Anfangen.

Das kann man übrigens üben. Die Willenskraft, die es benötigt, etwas Ungewöhnliches auszuprobieren, funktioniert wie ein Muskel: Je öfter du sie einsetzt, desto stärker wird sie. Durch das Anfangen können ganze Kettenreaktionen ausgelöst werden. Probanden einer Studie, denen man entweder eine Diät, Geldsparen oder regelmäßigen Sport auferlegte, wurden auch in den jeweils anderen Bereichen disziplinierter (dass es hier nicht um deinen Traumbody oder Reichtum im finanziellen Sinne geht, hast du hoffentlich bereits festgestellt). Die Ergebnisse dieser Studie können wir auf andere Lebensbereiche übertragen. Wenn du anfängst, wiederkehrende Glaubenssätze durch Taten praktisch zu hinterfragen, passieren an unvorhersehbaren anderen Stellen in deinem Verstand wunderschöne Dinge. Wenn du dich zum Meditieren hinsetzt, um dir mehr Zeit für dich zu nehmen, kann es dir als Nebeneffekt passieren, dass du auch besser schläfst, weniger gestresst und kreativer bist, mehr geschafft bekommst und endlich deinem Vater verzeihst. Lass uns zu notorischen

Fang etwas mit dir an

Anfängern werden, das Anfangen zur Gewohnheit machen. Das Wort ist in unserer Gesellschaft meist negativ konnotiert: Wir wollen keine Anfänger sein, sondern stets mindestens besser als der Durchschnitt. Dabei ist es doch herrlich! Wann immer ich einen Anfänger sehe, freue ich mich für sie oder ihn. Wenn du momentan keine Disziplin hast, in der du Anfänger bist, wird es höchste Zeit!

Es geht beim Anfangen nicht darum, irgendwo anzukommen! Lass dir von Buddha raten: »Es gibt keinen Weg zum Glück. Glück ist der Weg«. Es geht um die Freude am Unbekannten und das Ausbrechen aus verkrusteten Sichtweisen oder wenig hilfreichen Handlungsimperativen. Was sich dann schließlich daraus entwickelt, kann niemand vorhersagen. »Jedem Anfang wohnt ein Zauber inne«, schreibt Hermann Hesse. Es spricht nichts dagegen, Routinen zu haben oder gewissen Vorlieben nachzugehen. Doch Erregung, Lebendigkeit und Kreativität wird durch den Zauber des Anfangens ausgelöst. Er schreibt weiter:

> *Kaum sind wir heimisch einem Lebenskreise*
> *Und traulich eingewohnt, so droht Erschlaffen;*
> *Nur wer bereit zu Aufbruch ist und Reise,*
> *Mag lähmender Gewöhnung sich entraffen.*

Wenn dir das Anfangen schwerfällt, kann es hilfreich sein, klare Vereinbarungen mit dir zu treffen. Wenn ältere Menschen eine künstliche Hüfte eingesetzt bekommen, hängt die erfolgreiche Erholung von diesem Eingriff davon ab, wie viel sie sich unmittelbar nach der OP bewegen. Sonst rostet die künstliche Hüfte ein.[50]

---

50 Nicht im wahrsten Sinne des Wortes. Unflexibles Narbengewebe ist der Rost der Hüft-OP.

Die Bewegungsfreiheit ist dann dauerhaft stark eingeschränkt und mit Schmerzen verbunden. Das Problem ist, dass Bewegung kurz nach der OP ausgesprochen schmerzhaft ist. Das noch größere Problem: Die ersten Schritte nach längerem Sitzen oder Liegen sind die schlimmsten. Daher scheitern viele bereits an der Hürde des Aufstehens – dem Anfangen. In einer Studie konnten Patienten, die mit sich selbst klare Vereinbarungen trafen, wie sie mit den schmerzhaftesten Situationen umgehen wollten, doppelt so schnell wieder laufen wie die Kontrollgruppe und dreimal schneller allein aufstehen. Ein älterer Herr hatte beschlossen, nach dem Aufstehen immer sofort mindestens einen weiteren Schritt zu machen. Dadurch war die Gefahr gebannt, dass er sich vor lauter Schmerz direkt wieder hinsetzen würde. Auf diese Weise konnte er den reflexartigen, aber für ihn langfristig ungesunden Impulsen ein Schnippchen schlagen. Wir könnten noch viel öfter direkt nach dem Aufstehen einen weiteren Schritt machen, damit wir uns nicht direkt wieder hinsetzen. Ein befreundeter Musiker gibt seinen Gitarrenschülern den Tipp, jeden Tag mindestens eine Minute zu üben, jeden Tag zumindest anzufangen, Gitarre zu spielen. Zu einer Minute kann man sich immer überreden und an den allermeisten Tagen wird *aus Versehen* eine halbe Stunde oder mehr daraus. Das entspricht dem ersten Schritt nach dem Aufstehen! Viel zu häufig schieben wir Dinge vor uns her, weil wir uns ausmalen, wie schwierig oder unangenehm es werden könnte. Eine anstehende Aussprache mit einem Freund oder einer Kollegin, die Steuererklärung oder das Gartenprojekt. Auf diese Weise verwenden wir oft mehr Zeit in trüber Kontemplation, als die Angelegenheit selbst schließlich dauert. Und die fatalistischen Hochrechnungen haben beinah niemals etwas mit der später empfundenen Realität zu tun.

Dem Anfang sollten wir nicht mit zu viel Respekt oder Ehrfurcht begegnen, denn das schreckt ab:

Fang etwas mit dir an

1. Wenn wir anfangen, können wir auch wieder aufhören. Sobald wir feststellen, dass die neue Ernährungsweise, der neue Job, der neue Lebensstil uns nicht glücklich macht, können wir jederzeit etwas Neues beginnen oder zu Altem zurückkehren. Konrad Adenauer hat auf den Vorwurf, er habe seine Meinung zu einem Thema radikal geändert, erwidert: »Aber meine Herren, es kann mich doch niemand daran hindern, jeden Tag klüger zu werden.«[51] Häufig haben wir das Gefühl, dass wir ein Leben lang der gleichen Philosophie, Überzeugung und Tätigkeiten nachgehen müssen. Aber wer legt das fest? Wenn wir nicht immer wieder etwas mit uns anfangen können, verpassen wir viele farbenfrohe Facetten des Daseins.

2. Wenn du mit dem Anfänger-Mindset startest, muss nicht alles direkt funktionieren. Du kannst klein anfangen. Dir ist Umweltschutz theoretisch sehr wichtig und du ha(s)st das diffuse Gefühl, dass die Welt untergehen wird? Du musst nicht alles perfekt machen, du bist ein Anfänger! Du musst aber auch nicht darauf warten, dass die Politik das für dich regelt: »Die sollen erst mal machen, solange mache ich gar nichts!« Was hindert dich, deinen Teil zu leisten? Arbeite dich vom Mülltrennen zum bewussten Einkaufen und Essen über die Fortbewegung zum Klima-Aktivismus mit Segeltörn zum UN-Klimagipfel vor, wenn du magst. Wie besteigt man den Kölner Dom? Stufe für Stufe!

---

51 Das Zitat: »Was kümmert mich mein Geschwätz von gestern?« lässt sich ihm leider nicht sicher zuschreiben, auch wenn dies allerorts getan wird. Der Spirit ist jedoch der gleiche.

Ich könnte jetzt noch zehn Seiten schreiben, dich einladen zu weiterer Reflexion und dir von Leuten berichten, die etwas angefangen haben in ihrem Leben. Aber das würde die Idee dieses Kapitels verfehlen. Genug geredet, lass einfach anfangen!

Fang was mit dir an

Wann hast du das letzte Mal etwas zum ersten Mal gemacht? Selbstständigkeit, der Spanischkurs, Sport, Musik, Meditieren ... oder falls noch nicht getan: Such dir einen Lifehack aus dem Buch aus, fang den Anfang und fang an.

Triff klare Vereinbarungen

Versuche bei Dingen, die dir sehr schwer zu fallen scheinen, klare Vereinbarungen mit dir zu treffen. Wann oder in welcher Situation machst du was genau? Inspirationen: Immer direkt nach dem Aufstehen beten, vor dem Schlafen gehen fluchen. Jeden Tag einmal die eigene Imperfektion feiern oder es jedes Mal ansprechen, wenn dir etwas Positives an jemand anderem auffällt.

Werde zum notorischen Anfänger

Wir können noch viel mehr ausprobieren und experimentieren. Das darf mal schief- oder völlig in die Hose gehen. Als Anfänger können wir uns das Recht des Scheiterns herausnehmen. Wie langweilig wäre das Leben, wenn immer alles glatt ginge?

Der Zauber des Anfangens

Wähle eine Sache, die du schon immer mal machen wolltest und fang an! Gehörst du zu den Menschen, die ihren Kindern sagen: »Ich will, dass du ein Instrument lernst, weil ich wünschte, meine Eltern hätten mich dazu motiviert«? Nun, du brauchst keine Eltern dafür: Lern das Instrument, mach die Weltreise zu Fuß oder stelle dich beruflich neu auf. Einfach so. Weil du es kannst.

Kapitel 10

Der Mandala-Effekt. Wir denken und handeln musterhaft.

Unser Gehirn erstellt im Laufe unseres Lebens viele bunte, manchmal aggressiv grelle Muster. Diese Voreinstellungen geben unserem Leben – wie bei einer Mandala-Schablone – eine Struktur. Das macht viele Dinge einfacher. Sie können uns jedoch in unserer Kreativität und Lebensfreude auch maßgeblich einschränken, wenn wir uns in *Musterhaft* begeben. Die vorgezeichneten Linien sollten wir nur als Vorschlag verstehen und nicht als einzige Möglichkeit, ein Bild zu malen.

Unter Mustern verstehe ich Eigenschaften und daraus resultierende Verhaltensweisen, die uns aufgrund unserer Genetik, Konditionierung und Präferenzen anhaften.[52] Zum besseren Verständnis zähle ich ein paar Muster auf, die mir bekannt vorkommen. Oder, nun gut:

---

52 Nicht zu verwechseln mit Gewohnheiten, die im Kapitel *Routiniert Routinen rotieren* ab S. 82 behandelt werden. Darunter verstehe ich Routinen und ritualisierte Verhaltensweisen: Wann und ob du deine Zähne wie putzt, was du wann isst, welchen Sport du wie machst, wie ist dein Arbeitsalltag gestaltet usw.

Es sind meine limitierenden Muster – ein Auszug meiner Liste, die ich beim *Mindful High Performance Training* mit meinem geschätzten Freund und Kollegen Peter Creutzfeldt erstellt habe:

- Ich bin ungeduldig. Wenn Menschen zu lange für etwas brauchen, kann ich genervt oder drängelnd auftreten.
- Ich suche im Außen nach Anerkennung. Bei meinen Aktivitäten mache ich den Erfolg nicht von meiner Zufriedenheit abhängig, sondern lasse mir manchmal den Tag versauen, wenn nach einem Vortrag eine Person von 900 negatives Feedback gibt.
- Ich bin schludrig. Wenn es um Details geht, bin ich oft zu schnell, lese nicht nochmal drüber, oder buche das Hotel, ohne die Daten nochmal gegenzuchecken.[53]

Das bedeutet nicht, dass ich diesen Mustern immer nachgebe oder unter ihnen leide. Es bedeutet lediglich, dass sie in mir angelegt sind und ich sie an mir schon häufiger beobachtet habe. Neben limitierenden Mustern gibt es auch solche, die uns sehr lieb sind. Meist ist eine empfundene Schwäche eine Nebenwirkung einer Stärke und umgekehrt. Bevor du dir deine Muster anschauen kannst, musst du dir ihrer erst mal bewusst werden. Bewusstsein ist die Grundlage aller Veränderung. Es ist wie der Beipackzettel zu deinem Gehirn: »Erfahrungswerte zeigen, dass bei Ihnen in Stresssituationen in 35 von 100 Fällen grobe Ungeduld auftreten kann. Sollten die Symptome trotz Atemübungen anhalten, fragen Sie Ihren Arzt oder Apotheker.« So oder so ähnlich. Dies erfordert etwas Zeit für die Reflexion. Nimm sie dir! Am besten jetzt gleich. Dabei gilt es, sich selbst so wenig wie möglich für begrenzend empfundene Muster zu verurteilen. Eine hilfreiche Haltung für die nächste Übung beinhaltet Selbstironie, Leichtigkeit und Offenheit.

Der Mandala-Effekt

> **Experiment**
>
> Mache eine Liste mit all deinen Mustern. Das fällt den meisten Menschen im ersten Moment nicht leicht, da diese ja automatisiert und unbewusst ablaufen. Wann ärgerst du dich über dich und dein Verhalten? Welche Verhaltensmuster schätzt du an dir sehr? Mache eine Liste und sei in gnädiger Haltung gnadenlos zu dir. Schreib lieber zu viele als zu wenige auf.[54] Selbst diejenigen, die du deines Erachtens schon ganz gut im Griff hast.

Bevor du dich an die Liste mit den unliebsamen Mustern machst, nimm dir die Zeit, deine Stärken wertzuschätzen. Vielleicht fällt dir bei deiner Liste auf, dass jede Stärke eine Schwäche sein kann und umgekehrt. Wichtig im Umgang mit begrenzenden Mustern ist das bewusste Reflektieren. Viele Menschen nehmen gar nicht wahr, wie und warum sie Dinge tun und welchen Effekt das auf sie selbst und andere hat. Negative Gefühle werden häufig weggedrückt oder wir verfallen in Fatalismus: »So bin ich halt, ich werde mich in diesem Leben nicht mehr ändern«. Wenn es uns damit wirklich gut geht, ist das hervorragend. Aber häufig stellt sich die vermeintliche Akzeptanz der eigenen Person als vorgeschoben heraus, um die Angst vor Veränderung zu kaschieren. Wenn du nun während du etwas tust, feststellst, dass du gerade dem *Mandala-Effekt* unterliegst und dich völlig daneben verhältst, sollte das ein Grund zur Freude sein! Hier bist du offensichtlich so reflektiert (manche nennen es mindful oder achtsam), dass du dein Verhalten bewusst wahrnimmst. Und auch wenn es dir unmittelbar nach der Situation

---

53   Das Schreiben dieses Buches ist eine wunderbare Übung, Wege zu finden, diesem Muster entgegenzuwirken.

54   Falls du jemand bist, der generell nie Arbeitsaufträge von Büchern entgegennimmt, dann denk zumindest kurz nach, werde dir 1–3 Muster bewusst und notiere sie mental.

auffällt, ist es nicht zu spät. So kannst du immer noch einmal nachhaken, das Gesagte korrigieren oder Entscheidungen rückgängig machen.

Neben der allgemeinen Reflexion gibt es einen strukturierteren Umgang mit Mustern: *La*ssen oder Ma*chen*. Oder kurz: *Lachen*. Das beinhaltet neben dem Akronym aus Lassen und Machen zusätzlich die allgemeine Grundhaltung im Umgang mit den eigenen (individuell wahrgenommenen) Unzulänglichkeiten: Humor.

Erstens: Lassen – der Königsweg – denn Lassen führt zu Gelassenheit. Nicht zu verwechseln mit Gleichgültigkeit oder Aufgeben. Wenn wir intensiv Widerstand gegen unsere Muster leisten, neigt unser Verstand dazu, sich selbst fertigzumachen. Was passiert, wenn wir uns selbst für unsere begrenzenden Muster verurteilen? Die Situation tendiert zur Eskalation, wie bei einer Vollbremsung auf Glatteis oder wildem Strampeln im Treibsand. Ein Beispiel: Wenn du ungeduldig bist und dir das auffällt, könnte deine innere Reaktion sein: »Jetzt entspann dich doch! Hör mal auf, so zu stressen! Warum musst du immer so ungeduldig sein? Immer bist du so unentspannt!« Nicht nur, dass du ungeduldig gegenüber anderen bist, jetzt bist du es auch noch gegenüber dir selbst. Herrlich! Wann immer ich meinen Verstand bei seinen absurden Versuchen erwische, Dinge in Ordnung zu bringen, kann ich nur lachen! Es erinnert mitunter an alte Slapstick-Komödien, bei denen der Protagonist durch das eine Missgeschick schon das nächste einleitet. Oder du stellst fest, dass du wieder Anerkennung und Liebe im Außen suchst und dich dafür aufs Äußerste verurteilst: »Sei doch mal zufrieden mit dir selbst! Such nicht immer die Anerkennung bei anderen Menschen! Du bist so ein Opfer!« Nun ist es nicht nur so, dass du – vermeintlich – von außen keine Anerkennung bekommst. Du entziehst dir zusätzlich auch noch

Der Mandala-Effekt

deine Anerkennung, indem du dich selbst verurteilst. Ein Teufelskreis, der noch den potenziell schönsten Tag deines Lebens zur Hölle machen kann. Da hilft nur eines: (Zu-)lassen!

Experiment

Nimm dir ein Muster aus der Liste oder suche dir spontan eines, das dich besonders an dir nervt. Ich werde die Übung am Beispiel »ich bin perfektionistisch« durchgehen, ersetze dieses stets durch dein gewähltes Muster.[55] Am besten liest du einmal die Anleitung durch und gehst dann die zwei Schritte mit geschlossenen Augen durch, um dich besser fokussieren zu können: 1. Erinnere dich an eine Situation, in der du dich über dein Muster aufgeregt hast. Gehe die Situation bewusst durch: Wo warst du, was hast du gemacht, wie hat es sich genau angefühlt? Denke dann den Gedanken: »Ich bin perfektionistisch, ich bin perfektionistisch«, ohne dich oder den Gedanken zu verurteilen. Du bist nur der Beobachter. 2. Formuliere den Satz um. Nutze ein Substantiv anstatt des Adjektivs, um die Identifikation aufzuweichen: »In mir ist Perfektionismus«. Spüre den Unterschied! Du bist nicht voll und ganz perfektionistisch, es gibt Momente in deinem Leben, da warst du überhaupt nicht an Perfektion interessiert. Und auch in dem Moment, in dem du dich über das Muster ärgerst, gibt es einen Teil in dir, der nicht vom Perfektionismus betroffen ist. Du könntest ihn sonst nicht mit Distanz beobachten. Wenn es dir gelingt, Frieden zu schließen mit all deinen Mustern und empfundenen Unzulänglichkeiten, gibt es eigentlich nichts mehr zu tun.

---

55 Zum Beispiel: Rechthaberisch, aufbrausend, ungerecht, verlogen, unfair, langweilig, impulsiv, rücksichtslos, egoistisch, schwach ... Mandalas gibt es in allen Farben und Formen.

Manchmal fällt es dir aber vielleicht schwer, die Konsequenzen des Musters zu akzeptieren, dafür gibt es zweitens: Machen – der Königinnenweg. Du kannst jedes Muster spielerisch umbauen und wirst feststellen: »Oh, das kann ich ja auch!«. Wie immer kommt tes auf die Haltung an: Es geht nicht um Veränderung aus dem Gefühl des *nicht-genug-seins* heraus, sondern aus der Haltung von *das-wollen-wir-doch-mal-sehen*.

Werde dir im ersten Schritt wieder des Musters bewusst, das du in Frage stellen möchtest. Dann kannst du dich entscheiden, alternative Denk- und Handlungsformen auszuprobieren. Du kannst außerdem im Nachhinein korrigierend eingreifen, um dich aus der *Musterhaft* zu befreien. Im Kapitel *Facepalm* beschreibe ich, dass es uns nur schwer gelingt, unseren Handlungsimpulsen etwas entgegenzusetzen, wenn wir müde oder überarbeitet sind. Es ist hilfreich, einen intelligenten Masterplan zu erstellen, mit dessen Hilfe du auch dann an deinen Mustern arbeiten kannst, wenn du eigentlich keine Ressourcen dafür übrig hast. Du musst nur vorher schon eine Vereinbarung mit dir treffen, was genau du tun wirst.

Wie so ein Plan erfolgreich in die Tat umgesetzt werden kann, hat Starbucks mit seiner Handlungsschablone für die Mitarbeiter im Service bewiesen.[56] Bei allen Filialen weltweit gibt es eine Situation, in der beinahe alle Mitarbeiter instinktiv in wenig konstruktive Verhaltensmuster abrutschen: Ein unzufriedener Kunde bringt lautstark seinen Unmut zum Ausdruck. Einige Mitarbeiter werden unfreundlich, andere beginnen sich zu rechtfertigen, andere

---

56   Ihr Modell eignet sich gut zur Veranschaulichung - danke an Charles Duhigg für das Beispiel. Dass Starbucks an vielen Stellen so kritisch gesehen werden kann, wie die meisten internationalen Konzerne, muss an dieser Stelle keine Rolle spielen. Kaffee auf dem eigenen Balkon ist eh am schönsten. Und WLAN gibt's da oft auch.

Der Mandala-Effekt

verteilen Schuldzuweisungen, wieder andere brechen in Tränen aus oder versuchen, der Situation aus dem Weg zu gehen. All diese Verhaltensmuster sind nicht besonders hilfreich für eine solche Situation. Zur Unterstützung der Mitarbeiter und zur Verbesserung des Kundenservice hat Starbucks die *LATTE*-Methode entwickelt. Das ist ein einfacher Leitfaden, um elegant mit der Situation umzugehen: *Listen-Acknowledge-Take action-Thank-Explain*. Wenn ein wütender Kunde kommt, soll die Barista zunächst zuhören und das Problem anerkennen, anschließend das Problem lösen, sich dann beim Kunden bedanken und abschließend erklären, wie es zu dem Problem kam.

Experiment

Welche Muster in der Liste, die du erstellt hast, würdest du gerne angehen? In welchen Situationen wird dieses Muster besonders stark getriggert? Du brauchst ja nicht gleich einen kompletten Handlungsleitfaden inkl. schmissigem Akronym entwickeln, du bist schließlich keine weltweit agierende Kaffeehauskette. Aber vielleicht nimmst du dir vor, das nächste Mal, wenn du negatives Feedback erhältst, tief durchzuatmen und dich zu bedanken, statt direkt zum Angriff überzugehen oder dich zu rechtfertigen. Oder du sagst zu der Person, die die Ungeduld in dir hervorruft, statt: »Geht das nicht schneller?!«, »Lass dir ruhig Zeit!«. Und dann beobachte, was mit dir und der Situation passiert.

Muster lassen

Erschaffe ein Bild von einer Persönlichkeit in deinem Kopf und setze es spielerisch ein, um wertschätzend mit deinen Mustern umzugehen. Z. B.: »Karla Kolumna, die Ungeduld in mir«. Wann immer dir dein Muster negativ aufstößt, kannst du die hässliche Fratze der Ungeduld in etwas Liebenswürdigeres verwandeln. Nimm mich oder dich oder das Bild dabei nicht zu ernst.

Muster machen

Erstelle dir einen genauen Schlachtplan und triff eine bindende Vereinbarung mit dir selbst. Wenn es dir besonders ernst mit dem Umbau dieses Musters ist, kannst du das neue Schema vorher sogar allein oder mit anderen Personen üben.

Bonus Lifehack: Lachen

Neurologie und Psychologie haben schon vor Jahren erforscht, dass unser Gehirn automatisch positiv gereizt wird, wenn körperliche Anzeichen von guter Laune vermeldet werden, wie: Lächeln, Lachen, Klatschen oder ein aufrechter Gang. Du bekommst automatisch gute Laune in ein Meeting, wenn du die Leute häufiger zum Applaudieren animierst und dir selbst kannst du den Tag durch ein (zunächst eventuell künstliches) Lächeln versüßen. Besonders, wenn du damit andere Leute ansteckst und dein Lächeln schließlich von echter Freude zeugt.

LIKE
DIS ~~LIKE~~

Kapitel 11

Likewise.

Unsere Welt ist von Likes und Dislikes, von Beurteilungen geprägt. Alles was wir tun, wird – noch mehr als in der prä-Internet-Ära – zur konstanten Bewertung durch andere freigegeben: »Was sagt ihr zu diesem Gedanken? Wie findet ihr mein Outfit heute? Wie gefällt euch mein Urlaub? Wie süß ist mein Dackel?« Dieses Phänomen war schon immer Teil unserer Denkstruktur, nur befinden wir uns heute auf einem völlig neuen Level des Vergleichens und Bewertens. Nicht nur das Bewertet-werden bringt negative Gefühle mit sich – auch das ständige Reflektieren über die Likewürdigkeit von Inhalten anderer programmiert unser Gehirn auf Schubladendenken und Schönheitsideale. In diesem Moment aber ist alles so, wie es ist: Leid, Trennung oder Unzufriedenheit entstehen erst durch unsere Bewertungen und den Wunsch, dass die Welt unseren Vorstellungen entsprechen möge.

Online sehen wir ständig Bilder und Videos von Menschen, die ihre absoluten Lieblingsmomente festhalten als fragmentarische

**Dir gefällt
nicht die Sache,
sondern die *Geschichte*,
die du dir darüber
erzählst.**

Likewise

Ausschnitte ihres Lebens. Verglichen mit unserer Alltäglichkeit gefällt uns unsere Existenz auf einmal nicht mehr so gut. Daraus resultiert schnell die Haltung: »Ich möchte auch nur noch Dinge tun, die ich gerne mag«. Das kann tatsächlich ein guter Impuls sein, das eigene Leben umzukrempeln. Ausschließlich Dinge zu tun, die dir gefallen, gestaltet sich auf Dauer jedoch als ziemlich schwierig. Denn selbst, wenn du den Mut aufgebracht hast, dich endlich selbstständig zu machen oder du nun deinen Traumjob hast, wirst du feststellen, dass du immer noch Mails lesen oder unliebsame Gespräche führen musst. Dabei hattest du es dir so schön vorgestellt: »Ich muss nur einen Job haben, der mir gefällt und dann ist alles in Ordnung« ... Oder du nimmst all deinen Mut und Erspartes zusammen und gehst für unbestimmte Zeit auf Reisen. »Endlich nur noch das tun, was mir gefällt«. Und dann stellst du nach ein paar Wochen im Paradies fest, dass es schon sehr heiß ist auf Dauer und die Leute irgendwie nerven mit ihren *good vibes* und *high fives* von morgens bis abends. Es sind nie die Dinge selbst, die uns missfallen, sondern der Vergleich mit dem fiktiven Bild, was wir von ihnen in unserem Kopf erzeugen. Es kann dir also passieren, dass du dir endlich mal wieder Zeit für dich und dein Lieblingshobby nimmst – aber es macht dir heute keinen Spaß. Dir gefällt nicht die Sache, sondern die Geschichte, die du dir darüber erzählst. Diese ist nicht nur von Person zu Person verschieden, sondern unterliegt auch deinen täglichen Stimmungsschwankungen. Mit den Montagen ist auch alles in Ordnung soweit; ein Tag ist ein Tag. Deine Bewertung verwandelt einen Wochentag in das, was er für dich ist.[57]

---

[57] Wenn Montage sprechen könnten, dann würden sie wahrscheinlich ihre Frustration darüber äußern, wie ungeliebt sie sind. Sie würden auf die Straße gehen, um ihre Rechte einzufordern: »Alle Tage sind gleich! Mehr Toleranz für Montage!«.

Ein Perspektivenwechsel könnte sein: »Ich tue nicht nur noch Dinge, die ich mag, sondern ich mag ab jetzt alle Dinge, die ich tue«. Das ist schon wesentlich entspannter, als permanent zwanghaft nach Dingen zu suchen, die dir gefallen und alles andere umständlich umgehen zu wollen. Aber wenn du nun alles mögen musst, was du tust, wird das auch anstrengend. Alles. Egal, was es ist! Aus der Denkweise der Dualität von Likes & Dislikes kann das nicht funktionieren. Wir können Dinge nur in Abgrenzung von ihrem Gegenteil bewerten. Wir wissen nur, was Licht ist, wenn wir die Dunkelheit kennen. Was gut ist, erkennen wir in Abgrenzung an das Schlechte – Ying und Yang. Und das hat auch etwas Schönes, denn auf diese Weise kommt Farbe in die Welt. Nur durch die Bewertung erzeugen wir eine künstliche Trennung: »Das ist gut, das mag ich! Das bitte lieber nicht!« Wir können Tätigkeiten nur positiv bewerten, wenn wir sie vom Negativen absetzen. Mit dem Satz »mir gefällt alles, was ich tue« bist du weiterhin in der Welt von Likes und Dislikes, im Universum der Trennung verankert. Manchmal hast du einfach keine Lust. Da hilft alles positive Denken der Welt nichts.

Ein echter Paradigmenwechsel würde lauten: »Ich tue das, was ich tue.« Es klingt zunächst simpel, kann aber die Welt verändern. Wenn du dich entscheidest, etwas zu tun, dann mach es mit all deiner Aufmerksamkeit und ohne Bewertung! Es ist das Beste, was du im jetzigen Moment tun kannst. Der Beweis dafür? Du tust es gerade! Aktuell ist es das Lesen dieses Buchs, später vielleicht ein Spaziergang mit deinem Liebsten (Hund, Freund oder Lebenspartner) und morgen früh das Sortieren von Belegen für die Steuererklärung. I like everything like-wise! Wenn ich es tue, gefällt mir alles gleichermaßen. Das ist die weise Art und Weise.

Likewise

Herausfordernd wird das Likewise-Mindset, wenn wir empfundene Schicksalsschläge durchleben. Doch konsequent gedacht ist jede Katastrophe zunächst hauptsächlich eine Krise in der Wahrnehmung, eine Bewertungskrise. Vor allem die Annahmen über die Zukunft malen wir oft in den dunkelsten Farben. Wir geben dieser Lebenssituation ein Dislike, weil sie anders gekommen ist, als wir uns das gewünscht haben. Doch Untersuchungen zeigen, dass selbst Menschen mit Nierenschäden und Dialysebehandlung (9 Stunden Blutwäsche im Krankenhaus pro Woche, stark kontrollierte Nahrungs- und Flüssigkeitsaufnahme) im Durchschnitt nicht mehr oder weniger glücklich sind als Menschen ohne Dialyse. Dazu kommt, dass die größten Katastrophen im Leben sich Jahre später oft als glückliche Fügung des Schicksals präsentieren, wenn wir genau hinschauen.

> **Story - Time**
>
> **Eine Bekannte von mir wurde im Zeitlupentempo auf einem Parkplatz angefahren, weil eine schwangere Frau durch einen Krampf in der Wade den Fuß nicht vom Pedal nehmen konnte. Das Bein meiner Bekannten wurde sehr schwer verletzt. Erst ein Jahr zuvor war sie mit dem Fahrrad gestürzt und hatte sich den Kiefer gebrochen. Was für ein Pechvogel, was für eine Tragödie! Mit Hilfe des Schmerzensgelds konnte sie aber nun endlich den lang ersehnten Thailandurlaub finanzieren. Dort entdeckte sie ihre Liebe zum Tauchen und macht dies nun hauptberuflich. Ein großes Glück. Ohne den Unfall wäre ihr das wohl nicht so schnell vergönnt gewesen. Ob ihr Lebensweg sonst weniger glücklich verlaufen wäre, kann man nicht sagen. Aber: Das vermeintliche Pech des komplizierten Bruchs hat sich als großes Glück erwiesen. Ich musste 2011 wegen eines schweren Snowboardsturzes nach gescheitertem**

> Backflip und Eisplattentouchdown mit dem Hubschrauber ins Innsbrucker Krankenhaus geflogen werden. Nach einer OP mit erfolgreicher Nierenrettung (gequetscht, Harnleiter abgerissen) wurden mir drei Wochen absolute Bettruhe verordnet, damit alles wieder vernünftig zusammenwachsen konnte. Ein junger, sportlicher, eher aufgedrehter Typ sollte mit Blick auf die verschneiten Berge für drei Wochen möglichst still liegen? Dazu verdrahtet an verschiedenste Kanülen und Katheter mit wenigen Freunden oder Familie in der Nähe? Dazu die nagende Angst vor langfristigen körperlichen Einschränkungen – wenn man mir das vorher erzählt hätte, ich hätte die mit Abstand schrecklichsten Wochen meines Lebens prognostiziert. Doch es kam völlig anders: Nach den ersten Tagen im Krankenhaus begann ich, die Zeit beinah zu genießen. Ich schrieb dank Laptop viel mit Freunden, schaute einen Film pro Tag, hörte Musik, sprach mit Zimmergenossen und Pflegepersonal, hörte Hörbücher, konnte online etwas arbeiten und freute mich auf jede Krankenhausmahlzeit wie auf einen Besuch im Lieblingsrestaurant. Meine Niere konnte sich vollkommen erholen. Drei Monate nach meinem Sturz konnte ich wieder Snowboardfahren und erhielt wegen meines schnellen Comebacks und Durchhaltevermögen erste Anfragen für Sponsorings.

Anders herum funktioniert es gleichermaßen: Lottogewinner sind in der Regel ein Jahr nach dem Geldsegen wieder auf einem durchschnittlichen Glücksniveau. Dazu tritt oft eine unliebsame Nebenwirkung auf: Alltägliches bereitet den meisten sogar weniger Freude als zuvor. Viele Familien verschulden sich zudem nach einem Lottogewinn erheblich und landen in einer regelrechten Tragödie

Likewise

durch den Jackpot. Auch davon werden sie sich vermutlich wieder erholen. Der langanhaltende positive Effekt, den wir uns erträumen, bleibt aber beinah immer aus! Eine eingeschränkte Ausrichtung unseres Lebens auf den einen Glücksmoment in ferner Zukunft, der uns für immer von allen Sorgen befreit, erscheint in diesem Lichte beinah wahnsinnig.

Wenn unsere Bewertung der Welt nie objektiv sein kann, bedeutet dies im Umkehrschluss, dass andere uns auch nicht neutral sehen können. Niemand kann dich wahrhaftig liken oder disliken. Sie liken immer nur das Bild, das sie von dir in ihren Köpfen erschaffen – aufgrund ihrer eigenen Erwartungen, Erfahrungen und Konditionierung. Das hat zwar etwas mit dir zu tun, aber das bist niemals wirklich du. Sie kennen nur einen Bruchteil deiner Absichten, Gedanken und Geschichte und können nie genau verstehen, was in dir vorgeht – egal wieviel Mühe du dir gibst, es ihnen zu erklären. Auch wenn sich Ablehnung real anfühlt, andere Personen lehnen niemals dich ab, sondern nur deinen Avatar, deine Repräsentanz in ihren Köpfen. Und die sieht für jede Person – auf der Grundlage ihrer Erfahrungen – anders aus. Ich rufe hier nicht dazu auf, die Meinungen anderer völlig zu ignorieren und ohne Rücksicht auf Verluste durchs Leben zu stampfen – Spuren der Verwüstung stets sichtbar im Rückspiegel. Im Gegenteil: Wenn wir Dislikes anderer nicht so persönlich nehmen, können wir viel besser zuhören und überprüfen, ob das Gesagte hilfreich für uns ist. Wir müssen uns nicht verteidigen, zurückschlagen oder aus dem Weg gehen, sondern können den Impuls nehmen für eine mögliche Richtung zukünftiger Handlungen.

Das Bewerten von Menschen, Dingen und Tätigkeiten ist willkürlich. Natürlich ist es sinnvoll, nach Dingen zu streben, die erstrebenswert erscheinen und nicht bewusst nach Unfällen, Katastrophen und unfreundlichen Menschen Ausschau zu halten. Nur dürfen wir nicht der

Illusion unterliegen, dass unser Glück von dem Erreichen des einen und dem Vermeiden des anderen abhängt. Es ist likewise. Das schrieb auch Erich Fried in seinem Gedicht »*Es ist, was es ist*«[58]:

> *Es ist Unsinn*
> *sagt die Vernunft*
> *Es ist, was es ist*
> *sagt die Liebe*
>
> *Es ist Unglück*
> *sagt die Berechnung*
> *Es ist nichts als Schmerz*
> *sagt die Angst*
> *Es ist aussichtslos*
> *sagt die Einsicht*
> *Es ist was es ist*
> *sagt die Liebe*
>
> *Es ist lächerlich*
> *sagt der Stolz*
> *Es ist leichtsinnig*
> *sagt die Vorsicht*
> *Es ist unmöglich*
> *sagt die Erfahrung*
> *Es ist, was es ist*
> *sagt die Liebe*

Liebe ist nur ein anderes Wort für die bedingungslose Akzeptanz dessen, was ist. Das macht dich nicht tatenlos oder lässt dich in Fatalismus verfallen – au contraire! Wenn du nicht mit geballten Fäusten im Widerstand bist, hast du die Hände frei, um mit Kreativität Dinge in Bewegung zu setzen und dir und anderen zu helfen.

Likewise-Spaziergang

Mache einen meditativen Spaziergang und versuche, alle Dinge unvoreingenommen wahrzunehmen. Wenn du bemerkst, dass du Likes verteilst, komme wieder zur neutralen Beobachtung zurück. Auf diese Weise gönnst du dir etwas bewertungsfreie Zeit und dein Gehirn lernt, urteilsfrei wahrzunehmen.

Like mich am A****[59]

Wenn du schon dabei bist, dich von der Bewertung von Dingen frei zu machen, gehört dazu konsequenterweise, dich nicht zu sehr durch die Beurteilung durch andere verunsichern zu lassen. Wenn dir die Bewertung durch andere zu bunt wird – on- oder offline – folge dem Rat der Band Deichkind aus dem Song, der zugleich Namensvetter dieses Lifehacks ist: Gefällt mir, dass dir das nicht gefällt! Klappe zu, Stecker ziehen, raus in die Welt.

---

58   Aus: Es ist was es ist. Liebesgedichte Angstgedichte Zorngedichte. Verlag Klaus Wagenbach. Berlin. 1983
59   Leider, leider nicht mein Wortspiel, sondern das der Band *Deichkind*. Leider geil! Und schon wieder ein Deichkind-Zitat.

Kapitel 12

Man ey, Money: Geld allein macht auch nicht unglücklich.

Über Geld spricht man nicht. Deswegen schreibe ich lieber. Auch auf die Gefahr hin, dass sich dieses Kapitel für die eine oder den anderen nach moralischem Fingerzeig anhören mag. Aber das Thema hat trotz seiner Alltäglichkeit einen viel stärkeren Einfluss auf uns und unser Verhalten, als den meisten bewusst ist. Dieses Kapitel richtet sich vor allem an diejenigen, die nicht an Armut leiden, sondern grundsätzlich genügend Geld für sich und ihre Familie zur Verfügung haben.

Die Fokussierung auf das Thema Geld führt mitunter zu fragwürdigen Verhaltensweisen. Die »Geiz-ist-geil«-Kultur lässt sich in ihrer Reinform jährlich am Black Friday beobachten. In Aufnahmen aus amerikanischen Shoppingzentren sieht man, wie sich Menschen über den Haufen rennen und gegenseitig das letzte Paar Socken (80% reduziert!!) aus den Händen reißen. Kurz: Sie benehmen sich wie eine biblische Plage, die durch die Läden rollt. In wissenschaftlichen Experimenten hat Kathleen Vohs (Psychologie-Professorin an der *University of Minnesota*) beobachtet, dass wir egoistischer handeln, unmittelbar nachdem wir uns bewusst oder unbewusst mit dem Thema Geld beschäftigt haben.[60]

In ihren Experimenten hat Vohs Versuchsteilnehmer an Sätzen rund ums Geld arbeiten lassen, oder einfach nur im Wartezimmer einen Stapel Monopolygeld platziert. Auf diese Weise beeinflusste Menschen waren kurz darauf weniger hilfsbereit, wenn die Versuchsleiterin aus Versehen Stifte fallen ließ, warteten doppelt so lange, bis sie um Hilfe bei einer sehr schwierigen Aufgabe baten und zeigten ein gesteigertes Bedürfnis, allein zu sein. In einem anderen Experiment wurden die Teilnehmenden gebeten, zwei Stühle für ein Kennenlerngespräch mit einem anderen im Raum auszurichten. Sie stellten die Stühle im Durchschnitt ganze 38 cm weiter auseinander (118 cm) als Versuchsteilnehmer, die vorher nicht in Kontakt mit Geld gekommen waren (80 cm).

In unserem Leben werden wir in unzähligen Situationen direkt oder indirekt mit Geld konfrontiert und wie die Versuchsteilnehmer*innen dementsprechend voreingenommen. Das kann uns – ohne, dass wir es merken – zu egoistischeren Menschen machen, die weniger helfen, weniger Hilfe entgegennehmen und Abstand suchen. Mit welcher Art von Menschen wollen wir zusammenleben? Mit einer Heuschreckenplage aus dem Einkaufszentrum oder einer friedlichen Grille bei Sonnenuntergang? Welche Version unseres Selbst wollen wir sein?

Wenn wir bei Ausrichtung unseres Lebens auf Geldmaximierung

---

60 In einigen Studien konnten ihre Ergebnisse reproduziert werden, in anderen konnte keine Effekte dargestellt werden. Die Wissenschaft befindet sich weiter im Diskurs. Die Befunde sollten also als Metapher und Hinweis verstanden werden, nicht als finale, unverrückbare Wahrheit.

wenigstens egoistisch, aber glücklich, wie Dagobert Duck unser Geld zählen und ekstatisch darin baden würden, wäre das für den einen oder die andere vielleicht sogar erstrebenswert. Die Wissenschaft deutet auf das Gegenteil hin.

Sonja Lyubomirsky – Professorin für Psychologie aus Kalifornien – fasst in ihrem Buch *Glücklich Sein* Forschungsergebnisse zusammen: In einer groß angelegten Längsschnittstudie mit 12.000 Teilnehmern waren die Personen, die im ersten Studiensemester als oberstes Ziel »Geld verdienen« angaben, 19 Jahre später unglücklicher und zeigten ein erhöhtes Risiko für psychische Erkrankungen als die ehemaligen Kommilitonen, die einen anderen Fokus angegeben hatten. 50% der knapp 800 befragten Superreichen, mit einem Privatvermögen von mehr als 10 Millionen Dollar, gaben an, dass das Geld sie nicht glücklicher gemacht hat. Bei einem weiteren Drittel habe es sogar mehr Probleme erschaffen.

Dass Geld nicht glücklich – und oft sogar unglücklich – machen kann, ahnen wir ja bereits. Ob wir nach dieser Erkenntnis tatsächlich leben, steht jedoch auf einem anderen Blatt. 2016 gaben 82% von über 100.000 befragten Studierenden in den USA an, dass ihnen »sehr wohlhabend zu sein« sehr wichtig ist. 1967 waren es nur 47%. »Eine sinnvolle Lebensphilosophie« wollten 2016 hingegen nur 42% entwickeln – 1967 waren das noch 86%. Kein Wunder, dass 82% der Studierenden »sehr wohlhabend« sein wollen, in einer Zeit, in der Werbung individuell auf unsere Interessen maßgeschneidert aufblinkt, egal wo wir uns befinden. Zusätzlich posten Stars und Influencer täglich ihre Lieblings-Konsumgegenstände und Traumreiseziele. Seit der Soziologe Georg Simmel 1900 die gesellschaftskritische These aufstellte, dass Geld der neue Gott sei – das gesamte Leben wird an etwas Abstrakten ausgerichtet/der Sinn darin gesucht – haben wir als Gesellschaft nicht besonders viel dazu gelernt.

Doch Geld allein macht nicht unglücklich, es ist nicht per se als *schlecht* zu bewerten. Das Problem liegt in unserem Umgang damit.[61]

Unsere Haltung in Bezug auf Geld könnten wir noch öfter und kritischer hinterfragen. Wir sollten uns die korrumpierende Wirkung der bunten Papierstreifen auf unser Verhalten bewusst machen. Wie starten wir in den Tag? Mit einem Blick in die Wirtschaftsnachrichten oder den Börsenkurs? Wie peinlich genau müssen wir alles gegenrechnen in der Familie, bei Freunden, Kunden oder wenn wir selbst Kunden sind? Wie weit wollen wir gehen, um Steuern zu sparen[62], Zinsen zu optimieren oder den letzten Euro Rabatt rauszuschlagen? Der Mehrgewinn an Geld kann es nicht wert sein, dass wir die Verbissenheit und Individualorientierung in Kauf nehmen, die damit einhergehen kann. Mal abgesehen davon, dass allein die Opportunitätskosten – also der Zeitverlust – das ganze Unterfangen der Geldeinsparung schon ad absurdum führt. Wenn jemand wirklich knapp bei Kasse ist, muss er natürlich mehr auf seine Ausgaben achten. Unterlassene Impulskäufe von unnötigen Konsumgütern können jedoch die Notwendigkeit geldgeschwängerter Grübeleien im Alltag reduzieren.

Der Soziologie Hartmut Rosa sowie der Neurobiologe Gerald Hüther beschreiben zusätzlich den folgenden Zusammenhang: Je weniger es uns gelingt, unser Leben glücklich zu gestalten, desto mehr versuchen wir dies über die Ersatzbefriedigung *Konsum* zu kompensieren.

---

61   Rutger Bregman, der niederländische Historiker und Vordenker betont sogar, dass die beste Art, Armut zu bekämpfen darin besteht, den Armen Geld zu geben (Stichwort: bedingungsloses Grundeinkommen). Dann müssen sie sich nicht mehr so viele Gedanken darüber machen.

Man ey, Money

Tatsächlich hält das Glück durch neue Autos, Elektronik oder Turnschuhe nicht sonderlich lange an. Zudem steckt weiteres Frustrationspotential im Fokus aufs Geld, denn materieller Erfolg ist stets von äußeren Umständen abhängig, die nur schwer kontrollierbar sind. Und wenn es nicht funktioniert wie geplant, musst du dich noch mehr anstrengen, mehr arbeiten und brauchst als Ausgleich noch mehr Ersatzbefriedigungen. Und es reicht nie, reichsein ist niemals erreicht. Menschen, die weniger als 30.000 Dollar verdienen, geben an, dass sie ab 50.000 glücklich sind, Menschen mit mehr als 100.000 Dollar Einkommen vermuten die Befreiung von Sorgen ab 250.000. Ein sich selbst verstärkender Teufelskreis (lat.= circulus vitiosus), der nicht selten im Burnout endet. Es wird Zeit für die Quadratur dieses Teufelskreises! Wir können uns weniger den Priming-Effekten des Geldes aussetzen. Statt das gute Leben zu opfern, um möglichst viel Geld und Dinge anzuhäufen, können wir, auch ohne stetig wachsenden Reichtum, ein gutes Leben leben und das Nebenprodukt Geld dafür einsetzen, dass auch andere gut leben können. Und anderen helfen macht bekanntermaßen selbst glücklich. Das ist der sich positiv verstärkende Gegenentwurf des oben beschriebenen Teufelskreises, ein kreativer Zirkel sozusagen (lat.= circulus virtuosus).[63]

Lass uns häufiger die Frage stellen: Welche Art Mensch will ich sein? Und weniger: Was will ich alles haben? Schon 1976 beschrieb der Psychoanalytiker Erich Fromm in seinem Bestseller *Haben oder Sein* die Notwendigkeit, unser Leben mehr nach dem Sein auszurichten: »... eine Existenzweise, in der man nichts *hat* und nichts

---

[62] Aus irgendeinem Grund will meine von Instagram personalisierte Werbung mir genau das ständig als wichtigstes Mittel zum Erfolg eines Selbstständigen verkaufen.

[63] Ich danke Francisco Varela (†2001) für die Inspiration für dieses Wortspiel aus einem anderen Zusammenhang.

zu haben begehrt, sondern voller Freude ist, seine Fähigkeiten produktiv nutzt und *eins*[64] mit der Welt ist.« Schöner und positiv pathetischer hätte ich es nicht ausdrücken können, Herr Fromm. Vielen Dank für dieses Schlusswort!

Sparsam sein

Sei sparsam mit deinen Gedanken zum Thema Geld und bedenke die negativen Auswirkungen des Primings auf deine sozialen Interaktionen, beruflich wie privat.

Großzügig sein

Anstatt nachzurechnen, akribisch aufzuteilen oder zu rationieren, gönne doch anderen mehr Geld und dir mehr Entspannung. Denk nicht so viel darüber nach! Soll ich dem Bettler den Euro geben? Mach zwei draus! Trinkgeld? Lieber aufrunden! Wenn du dein Leben mehr aus dem Modus des Seins, denn aus dem des Habens lebst, hast du das bei unnötigen Konsumgütern gesparte Geld übrig, um großzügig zu sein.

---

64 Zum Thema Eins sein mit der Welt siehe Kapitel *Wir ist das neue Mir* ab S. 34

Einfach sein!

Lass uns – knapp 50 Jahre später – endlich die warnenden Worte Erich Fromms ernst nehmen und den Fokus vom Haben aufs Sein verschieben. Was musst du alles haben (Geld, Beziehung, Gegenstände, Errungenschaften), bis du dir endlich erlaubst, glücklich zu sein? Einfach sein, könnte so einfach sein!

MIND
FOG

Kapitel 13

Mindfog und Bluebird. Über dem Nebel ist blauer Himmel.

Das Wort Mind*fog* beinhaltet mehr Aspekte als sein phonetischer Zwilling Mindfuck. Ich werde in diesem Kapitel auf die verschiedenen Ebenen eingehen, die sich hinter dem Kunstwort verbergen und erklären, wie wir diesem Zustand entkommen können: *How to unfog our minds.*

Wir kennen sie alle, diese Tage: Beim Aufstehen schon unbegründet ein mulmiges Gefühl in der Magengegend. Für den weniger Aufmerksamen schickt der Körper meist noch begleitende Kopfschmerzen dazu, damit es auch wirklich deutlich wird: »Irgendetwas stimmt mit mir heute nicht!« In unseren Hirnwindungen hängen düstere Gedanken fest, wie Gewitterwolken an einem Berggipfel. Wenn du dich schon länger in den Themenfeldern *Kraft der Gedanken, Positive Thinking, Neuro Linguistic Programming (NLP)* und Konsorten bewegst, ärgert es dich besonders, wenn du mal wieder richtig bescheiden drauf bist. Zum regulären Düsterdenken gesellen sich dann gern noch folgende Aspekte hinzu:

»Du Idiot, hast du es immer noch nicht geschnallt? Warum bist du denn schon wieder schlecht drauf? Du musst doch einfach nur positiv denken und alles kommt wieder in Ordnung. So schwer kann das doch nicht sein!« So kann es passieren, dass wir schlechte Laune darüber bekommen, dass wir schlechte Laune haben. Und schlechte Laune darüber, dass wir schlechte Laune darüber haben, dass wir schlechte Laune haben. Eine unendliche Geschichte. Unser geliebter Verstand jedoch kann dies mühelos weiterspinnen. Ich weiß das, ich war dabei. Mehrfach.

Manchmal ist der Mind*fog* auch sehr konkret: Ein Gespräch, das du eigentlich noch mit einem Freund führen müsstest, weil er dich in dieser einen Situation sehr verletzt hat. Oder du ihn. Jedenfalls hängt jetzt diese Situation irgendwie zwischen euch und benebelt euer sonst so unbeschwertes Zusammensein.

Die Ursachen für akuten Mindfog sind zwar vielseitig, lassen sich jedoch immer in zwei Kategorien einteilen: Verarbeitung der Vergangenheit oder Projektion in die Zukunft. Da sind zum einen Rechtfertigung oder Verteufelung von bereits Geschehenem, andererseits hochgerechnete Horrorszenarien und konstruierte Katastrophen, sowie subtile Befürchtungen, die die Zukunft betreffen:

- Diese eine Situation, in der du vermeintlich deine Fassung oder gar dein Gesicht verloren hast
- Die verpasste Gelegenheit, dich zu profilieren
- Die Angst vor einer Präsentation oder einer Prüfung
- Das noch ausstehende klärende Gespräch mit deinem Kollegen
- Ein diffuses Unwohlsein vor der Zukunft an sich: #zukunftsangst
- Mind=fogged

Mindfog und Bluebird

Das Wort Zukunftsfurcht findet man im Duden nicht. Furcht (treffenderweise auch als Realangst bezeichnet) bezieht sich auf einen akuten Zustand im Jetzt, wie ein Angriff oder eine lebensbedrohliche Situation. Diese ist sehr sinnvoll, damit wir in solchen lebensbedrohlichen Momenten genügend Energie zur Verfügung haben, um einen Angriff zu überstehen oder erfolgreich die Flucht zu ergreifen. Situationen dieser Art stellen in der Realität unserer westlichen Welt die absolute Ausnahme dar. Angst hingegen beschreibt das eher diffuse Gefühl, dass alles vor die Hunde gehen wird und hat, anstatt realer Anker, Spekulationen und Mutmaßungen als Treiber. Mark Twain sagt: »Ich habe in meinem Leben schon unfassbar viele Katastrophen erlebt, einige davon sind tatsächlich eingetreten«. *Unfog Your Mind!* bedeutet also, den Kontakt zum jetzigen Moment wiederherzustellen und sich nicht vom diffusen Gefühl der Angst einnebeln zu lassen.

Story - Time

Zur Veranschaulichung des bisher Gedachten, folgt nun die wildeste Geschichte, die meine Speaker-Laufbahn bisher mit sich gebracht hat: Ich durfte bei einer zweitägigen Konferenz im Pharma-Bereich mit internationalem Publikum nicht nur die Eröffnungsrede halten, sondern war zusätzlich organisatorisch stark eingebunden und hatte das komplette Konzept mitgestaltet. Zudem war ich für die Moderation des Prozesses verantwortlich. Im Rahmen dieser Eröffnungsrede wollte ich aus dramaturgischen Gründen auf einen Tisch steigen. Einziges Problem: In dieser Location gab es nur Tische aus Glas. Allerdings waren diese mit Metallverstrebungen ausgestattet und nach vorsichtigem Herantasten und wippenden Testmanövern am Vormittag vor Beginn der Veranstaltung, hatten sie meinen persönlichen TÜV überstanden. Ich stand also

kurze Zeit später vor 120 Leuten auf besagtem Glastisch und sprach darüber, wie man auch mal Dinge aus einer anderen Perspektive betrachten soll und machte nebenher noch einen ironischen Kommentar zur *Safety-First*-Mentalität in der Pharma-Industrie. Es kam, wie es kommen musste: Beim Absteigen verlagerte ich das Gewicht zu sehr auf einen Fuß und brach mit einem lauten Knall in den Glastisch ein. Dabei flog der darauf stehende Laptop durch die Gegend, die Präsentation wurde schwarz, Glassplitter verteilten sich klirrend auf der Bühne und ich stützte mich mit der linken Hand so ungünstig am Rahmen des Tisches ab, dass ich mit dem Mittelfingeransatz genau in einen Dolch aus Glas griff. Im ersten Moment war ich einfach nur fassungslos. Heute schaue ich mir das Video immer wieder gerne an, denn mein Gesicht erstarrt für ein paar ewig erscheinende Sekunden und erinnert dabei an das Emoji mit den aufgerissenen Augen.

Mein Verstand wollte einfach nicht wahrhaben, was da gerade passiert ist. Mehr aus dem Augenwinkel sah ich in der Wunde an der Hand etwas Weißes: Knochen oder Sehnen vermutlich. In nur wenigen Sekunden gingen unzählige Gedanken durch meinen Kopf: »Ohje, meine Hand! Was ist, wenn die Sehne durchgerissen ist? Was denken die Kunden? Ob die mich nochmal einladen? Muss ich den Tisch jetzt bezahlen? Wo ist meine Präsentation? Ohne die kann ich nicht weiterarbeiten! Wäre ich doch nicht auf den Tisch gestiegen! Immer bist du so unvorsichtig! Warum stellen die überhaupt nur Glastische hin? Was ist das eigentlich für ein Saftladen?« Einmal verloren in so einem Gedankenstrudel sind unmittelbar alle Hirnwindungen blockiert. Jedoch nicht durch den akuten Blutverlust oder den Schmerz im Finger – die einzig realen Schmerzen und Bedrohungen im Hier und Jetzt – sondern nur durch Schuldzuweisungen, die sich auf die Vergangenheit beziehen oder katastrophale Hochrechnungen über die nahende Zukunft. Zu meinem Glück beschäftigte ich mich zu diesem Zeitpunkt gerade aktuell sehr viel mit dem Thema »Ja sagen zu dem, was ist« und hatte einige Bücher dazu auf meinem Nacht- und Schreibtisch liegen. So kam in diesem Moment durch den Nebel der hilfreiche Gedanke: »Es ist jetzt passiert, akzeptiere es und bleib in Kontakt mit dir und den Menschen vor dir.«[65] Statt zu versuchen, meinen Vortrag einfach weiter zu halten oder cool auszusehen dabei, nahm ich mich selbst auf den Arm und baute das Geschehene in meinen Vortrag über kreatives Chaos ein. Dadurch holte ich nicht nur die Teilnehmer, sondern auch mich gedanklich wieder in den Moment und hinderte meinen Verstand daran, Spukgeschichten zu produzieren. Ich hielt die geplanten 10 Minuten durch und als ich von der Bühne kam, empfingen mich meine Kollegen und wir begutachteten im Backstage gemeinsam die Wunde. Da hat es mir dann den Boden unter den Füßen weggezogen. Als ich kurze Zeit später im Krankenhaus auf den Arzt wartete, der mir den Finger nähen sollte, durchströmte mich auf einmal eine tiefe innere Ruhe und ich musste lächeln. Meine Kollegen würden mich wunderbar vertreten und wenn nicht: Auch in Ordnung.

---

[65] Damit kein falscher Eindruck entsteht: In vielen anderen Situationen war und bin ich deutlich länger im Mindfog gefangen und möchte mich hier nicht als Superheld darstellen.

Mein Finger würde wieder gut werden und es gibt viele andere Kunden da draußen, zu denen ich sprechen kann, wenn ich es mir mit diesen versaut habe. Die Situation lag in dem Moment nicht mehr in meinen – akut sowieso lädierten – Händen und das war in Ordnung. Eine Stunde später konnte ich zur Konferenz zurückkehren und wurde, ohne eine besondere Leistung erbracht zu haben, von den meisten als Held gefeiert. Durch meinen Boromir-Moment[66] hatte ich der Gruppe einen einzigartigen *Drive* verliehen – einige dachten sogar, das Ganze wäre inszeniert gewesen. Um den Satz von Mark Twain noch zu ergänzen: Manchmal, oder vielleicht sogar oft, wandeln sich die vermeintlich größten Katastrophen in unserem Leben zu den schönsten Erfolgsgeschichten. Wenn es uns öfter gelingt, dies nicht erst zehn Jahre später im Rückblick zu erkennen, sondern die schweren Stunden mit ein bisschen mehr Leichtigkeit zu durchleben, dann haben wir bedeutend mehr Ressourcen frei für Kreativität, Mut und Leidenschaft. Wie sich herausstellte, sind all die Horrorszenarien, die ich mir hätte ausmalen können, nicht eingetreten. Leid, Angst, Unzufriedenheit, Verwirrung, Scham und andere negative Erfahrungen, die über den echten körperlichen Schmerz hinausgehen, sind nur möglich, wenn wir nicht bei dem sind, was wir gerade tun.[67]

---

66 Als ich, wie er am Ende des 1. Films von Der Herr der Ringe, statt mit Pfeilen in der Brust mit blutigem Taschentuch in der Hand trotzdem weiter für die Sache kämpfte.

67 Siehe dazu das Kapitel: *Morgen leb' ich im Jetzt, versprochen* ab S. 146.

68 Der Begriff findet sich in Sätzen wie: »Morgen soll's Bluebird geben, obergeil!« Ich lade dich ein, den Begriff in Zukunft genauso selbstverständlich in Bezug auf deinen Verstand zu verwenden.

Mindfog und Bluebird

Im ersten Teil dieses Kapitels habe ich anhand von Beispielen den Begriff des Mindfogs bearbeitet. Wenden wir uns einem Aspekt zu, der im Untertitel angesprochen wird: Über dem Nebel ist blauer Himmel, *immer!* Wer einmal die Freude hatte, in einem vernebelten Tal in eine Gondel zu steigen, dann auf halber Strecke die Wolken zu durchbrechen, um schließlich am Berggipfel bei strahlendem Sonnenschein anzukommen, weiß, wovon ich spreche. Im englischsprachigen Raum und bei den jüngeren Generationen von Skifahrern und Snowboardern wird der Zustand, bei dem keine Wolke die Sonne verdeckt, *Bluebird* genannt (deutsch: Kaiserwetter).[68] Der Mindfog-Modus hat also einen Gegenspieler, den Bluebird-Modus. Und ein Teil in uns war und ist schon immer im Bluebird-Modus. Er wird nur von den Wolken vernebelt. Lasst uns dazu doch direkt ein schnelles *Experiment* machen:

Experiment

Suche in deinem Kopf nach dem urteilsfreien Ort, dem blauen Himmel. Der Platz zwischen den Gedanken, das Beobachtende, ist es, was dich wirklich ausmacht. Deine Gedanken sind nur die Wolken am Himmel; mal fluffig, weiß und putzig, mal in Schleierform, mal schwer, düster und voll von Unheil. Der Himmel darüber bleibt davon jedoch immer unbehelligt. Finde diesen Ort und wenn es nur für den Bruchteil einer Sekunde ist. Zwischen den Gedanken. Ein diffuses Gefühl, das sich nicht in Worten beschreiben lässt, sondern nur erfahren. Das ist unser natürlicher Zustand: Bluebird. Reines Bewusstsein, das immer hinter, beziehungsweise über allem steht. Darin können Gedanken, Konzepte und Geschichten entstehen – das Beobachtende in dir wird davon nicht eingefärbt.

Wenn du lieber ins Kino als in die Natur gehst, ist dieses Bild vielleicht noch hilfreicher für dich: Dein Bewusstsein ist wie eine Leinwand. Auf ihr werden Action- und Liebesfilme, Thriller und

Tragödien gezeigt. Wir können sie jedoch nur wahrnehmen, weil die Leinwand immer weiß bleibt und sich vom Geschehen nicht einfärben lässt. Was wäre, wenn wir unser Leben häufiger auf diese Weise wahrnehmen könnten? Die Action fände weiter statt, wir erlebten das Spiel des Lebens mit seinem *achterbahnesken* Auf und Ab, trauerten, feierten und fieberten genauso mit. Nur die völlige Identifikation, das Anhaften, auch Tage nachdem der Film schon gelaufen ist, das würde weniger. Und damit das Gefühl, dass bei einer Krise direkt die Identität, die gesamte Existenz bedroht ist. Es geht also gar nicht unbedingt darum, die Gedanken an sich zu verändern, denn das führt häufig dazu, dass der Gedanke darüber noch stärker wird oder im Verborgenen weiterarbeitet. Und es gelingt nur selten. Vor allem dann nicht, wenn wir wirklich tief im Nebel stecken.

> **Experiment**
>
> Überprüfe, ob du dir deinen nächsten Gedanken aussuchen kannst. Welcher Gedanke kommt als Erstes? Was passiert, wenn du dir vornimmst, an eine bestimmte Sache auf gar keinen Fall zu denken?[68] Ist dir das möglich? Woher kommt die Entscheidung für genau den Gedanken, den du wählst? Du wirst vermutlich feststellen, dass Gedanken einfach kommen und gehen. Du kannst Einfluss nehmen auf deine Gedanken, aber wirklich steuern kannst du sie nicht. Immer möglich ist die Beobachtung, denn du kannst ja beschreiben, welche Gedanken in diesem Experiment aufgetaucht sind. Und du kannst im Widerstand gegen diese Gedanken sein (Mindfog) und versuchen diese Gedanken wegzudrängen oder du kannst sie einfach so wahrnehmen, wie sie sind (Bluebird).

69   Weitere Gedanken dazu im Kapitel: *Ich denke, also spinn' ich* ab S. 14.

Mindfog und Bluebird

Es geht beim Bluebird-Modus darum, die Beziehung zu deinen Gedanken zu verändern. Diese wahrzunehmen, aber nicht für wahr zu nehmen. Denn Gedanken tauchen manchmal ohne tiefen Sinn auf und ziehen – wenn man sie lässt – genauso wieder vorbei. Wenn ich einen Gedanken, wie: »Oh mein Gott, wie soll ich das alles schaffen? Bis zur Deadline werde ich niemals fertig!« für wahr nehme, dann erzeugt das extremen Stress in meinem System, es kann zu Panik, Handlungsunfähigkeit und Blackout führen. Durch diese Gedanken erhöhst du absurderweise die Wahrscheinlichkeit, dass du es tatsächlich nicht zur Deadline schaffen wirst. Wenn es dir jedoch gelingt, den Gedanken einfach nur wahrzunehmen, ihn also neutral zu beobachten und dich dann aber auf das konzentrierst, was tatsächlich gerade stattfindet: Die Aufgaben, die direkt vor dir liegen. Dann schaffst du Raum für Kreativität und lösungsorientiertes Verhalten. Wenn es um Gedanken geht: Wahrnehmen statt wahr nehmen!

Auf das Potential des Bluebird-Modus können wir jederzeit zugreifen. Stell dir vor, die Innenseite deines Kopfes wäre mit einem strahlend blauen Himmel überzogen, ähnlich wie die blaue Kuppel, die unseren Erdball umgibt. Egal welche Stürme in deinem Gehirn wüten, welche Gedanken über die Nervenbahnen zucken, die Kuppel bleibt davon unberührt. Im Alltagstrubel unseres Lebens übersehen wir das häufig. Durch Erziehung und Sprachgebrauch verwechseln wir den Verstand mit unserer Identität/unserem Selbst. Ein weiterer Hinweis hierfür – Pointer nennen es die modernen Gurus – ist die Tatsache, dass du deinen Verstand beim Denken beobachten kannst. Weiter vorne im Text ging es darum, wie du dich selbst dafür verurteilst, dass du schlechte Laune hast. Diesen Gedanken kannst du nur haben, wenn es etwas in dir gibt, was unbeteiligt beobachtet, was also keine schlechte Laune hat. Um Bewegung wahrzunehmen, muss es etwas Unbewegtes geben.

**Dein Bewusstsein ist
wie eine Leinwand.
Auf ihr werden Action- und
Liebesfilme, Thriller und
Tragödien gezeigt.**

**Wir können sie
jedoch nur wahrnehmen,
weil die Leinwand
immer weiß bleibt und
sich vom Geschehenen
nicht einfärben lässt.**

Mindfog und Bluebird

Dieser Text wäre unlesbar, wäre er auf bereits mit Text bedrucktem Papier geschrieben. Eckhart Tolle beschreibt in dem Vorwort seines Buches *Jetzt*[70], wie ihm in tiefster Verzweiflung – Mind*fog* mit weniger als einem Meter Sicht – der Gedanke kam: »Ich kann so nicht mehr mit mir weiterleben«. Wer ist es, der mit wem nicht mehr weiterleben kann? Die Entdeckung, dass etwas in ihm die Einsicht haben kann, dass es mit diesem Modus des Verstands nicht mehr weiterleben will, hat ihn aus seinem Gedankennebel herauskatapultiert. Doch es braucht gar nicht immer diese magischen Momente der Erkenntnis. Die Schönheit des Lebens kannst du jederzeit wahrnehmen, denn über dem Nebel ist immer blauer Himmel!

Lifehacks

Ja sagen zu dem, was ist

Hole dich selbst und die Personen um dich herum in den Moment zurück. Sprich Verwirrungen oder Schwierigkeiten offen an. Damit ermöglichst du deinem Verstand, wieder zurück in die Gegenwart zu kommen und sich nicht in Verstrickungen von Vergangenheit und Zukunft zu verlieren.

Nicht auf Glastische steigen

---

70   Im Original: *The Power of Now.*

Mindbell auf das Handy laden

Wenn du nach *Mindfulness Bell* oder *Mindbell* im jeweiligen App-Store suchst, findest du ein paar zur Auswahl. Diese Apps geben in individuell einstellbarem Abstand (alle 15 Minuten, alle paar Stunden usw.) einen Ton von sich. Wann immer der Ton erklingt, kannst du ihn nutzen, um kurze Momente des Bluebirds bewusst in den Alltag zu integrieren.

Wahrnehmen statt für wahr nehmen

Wann immer du das Gefühl hast, gerade tief im Mindfog zu stecken, probiere aus, die Situation, deine Gedanken und Gefühle nur zu beobachten. Und sie nicht als die Wahrheit zu akzeptieren oder in den Widerstand zu verfallen.

Die STOP-Methode nach Elisha Goldstein

Wann immer du das Gefühl hast, dich gerade in Gedanken zu verrennen, zu sehr ins Grübeln zu geraten. Oder einfach nur so, um das Leben zu feiern. STOP steht für:

1. Stop – innehalten
2. Take a breath – 1–2x bewusst atmen
3. Observe – beobachten, was ist
4. Proceed – weitermachen

Ich bleibe hier bewusst bei den englischen Wörtern, da die deutsche Variante, IBBW, aus irgendeinem Grund nicht so gut im Kopf bleibt.

52

17

Kapitel 14

52 / 17 ist das neue 24 / 7.

In unserem Kulturkreis herrscht oft noch die Ansicht: Je härter du für eine Sache gearbeitet hast, desto mehr ist sie wert. Lass mich das an folgendem, vom Podcast *Planet Money*[71] inspirierten, Gedankenexperiment illustrieren: Du hast dich aus deiner Wohnung ausgeschlossen. Ärgerlich! Mal unabhängig davon, dass dir hier das Leben eine wunderbare Gelegenheit beschert hat, an deinem Mindfog zu arbeiten und heitere Gelassenheit zu üben, wirst du wahrscheinlich bald den Schlüsseldienst rufen. Dieser kommt auch prompt, arbeitet und ackert, feilt und schleift und bekommt nach etwa 20 Minuten schließlich deine Tür auf. Kosten: 200 €. »Etwas teuer vielleicht, aber gut. Er hat ja eine Anreise, Materialkosten und so weiter«, denkst du dir. Situation Nummer zwei: Gleiche Ausgangslage, der Schlüsseldienst kommt, das Schloss ist mit ein paar einfach wirkenden Griffen innerhalb von zwei Minuten offen. Kosten: 200 €. »Sowas Unverschämtes!«

---

71   Episode 647: Hard Work is irrelevant.

denkst du dir »200 € für zwei Minuten?« Warum denken wir so? Im ersten Fall hatten wir es mit dem Lehrling zu tun, der einfach noch etwas länger braucht und für den es härtere Arbeit bedeutet, beim zweiten mit dem routinierten Schlosser-Meister, der sein Leben lang nichts anderes getan hat und ein wahrer Virtuose auf seinem Gebiet ist. Außerdem waren wir ja schneller wieder in der Wohnung. Warum ist uns das weniger wert?

Nach wie vor gilt in den meisten Firmen: Die Chefin kommt zuerst und geht zuletzt und wird dafür auch noch bewundert. Befördert wird, wer zumindest kurz nach ihr kommt und bis zum Ende bleibt. Aber sollten wir nicht auch mal fragen: »Was machst du denn da so lang? Wie ineffizient arbeitest du, dass du so viel länger brauchst, um deinen Job gut zu machen?« Das ist natürlich eine Verallgemeinerung[72] und dient eher dem Eröffnen einer weiteren Perspektive als der finalen Aussage, dass alle Leute, die länger am Arbeitsplatz sind, ineffizient arbeiten. Tatsächlich zeigt sich aber in Studien, dass länger arbeiten ab einem gewissen Zeitpunkt nur noch unverhältnismäßig wenig mehr Output generiert. Eine Untersuchung der Draugiem Group deutet auf einen Aspekt dieses Phänomens hin, der für dieses Kapitel die größte Relevanz hat. Hier wurde die Leistung aller Mitarbeiter durch die App *Desktop Time* festgehalten und dann ausgewertet, wie die Mitarbeiter arbeiten, die am Ende des Tages am meisten Output liefern (bei gleicher Anwesenheitszeit). Es stellte sich heraus, dass diejenigen am meisten leisteten, die nach intensiven Arbeitsphasen zeitnah Pausen einbauten. Im Schnitt nach 52 Minuten Arbeit 17 Minuten Pause einlegten.

Das ist auch aus evolutionärer Sicht plausibel, denn unser Gehirn ist nicht dafür ausgelegt, ohne Pause zwei, drei oder gar acht Stunden am Stück Leistung zu erbringen, geschweige denn

52 / 17

Höchstleistung. Jagd oder Flucht haben in der Regel nie länger gedauert als eine Stunde. Danach kamen immer Phasen der Entspannung[73]. Unser Gehirn fängt nach einer knappen Stunde an, den Fokus zu verlieren. Das kennt jeder. Es äußert sich unterschiedlich: Kühlschrank, Kaffeeküche, Facebook, Handy, Katzenvideos, Spiegel Online Pushnachrichten, Kollegen ablenken, Nase bohren. Jedenfalls nicht an der Präsentation, dem Angebot oder dem Text weiterarbeiten, an der wir eigentlich gerade saßen. Das ist nicht nur ineffizient, sondern auch hochgradig unbefriedigend.

Wir sind immer dann am glücklichsten (und performen am besten), wenn wir mit unserer ganzen Aufmerksamkeit und Energie voll und ganz bei dem sind, was wir gerade tun.[74] Das wird nach 52 Minuten zunehmend schwerer. Ich kenne viele Menschen – besonders diejenigen, die hochgradig motiviert sind und noch etwas erreichen wollen im Leben – die sich keine Zeit für Pausen nehmen. Dabei würden sie mit hoher Wahrscheinlichkeit am Ende jeden Tages viel mehr geschafft haben, wenn sie sich zwischendurch Zeit nähmen, Pausen einbauten, in Ruhe äßen, zwischendrin einen Spaziergang machten oder ein erfrischendes Gespräch führten. Jonglierten. Musizierten. Denn das ist die Grundidee: 52 Minuten wirklich konzentriert an einer Sache arbeiten und währenddessen nicht von Mails, Smartphone oder Snacks ablenken lassen. Und sich danach 17 Minuten Pause gönnen. Nicht nur als Belohnung für die Arbeit in den 52 vorherigen Minuten, sondern auch in dem Wissen, dass du auf diese Weise effektiv mehr geschafft bekommst. Und es mehr Spaß macht!

---

72   Nicht ohne Grund versteckt sich das Adjektiv gemein in der Mitte dieses Worts.
73   Oder bei gescheiterter Flucht: Die Phase des Gefressen-werdens.
74   Warum das so ist, wird im Kapitel *Morgen leb' ich im Jetzt, versprochen* ab S. 146 ausführlicher besprochen.

Von Abraham Lincoln, der die ein oder andere Sache in seinem Leben hinbekommen hat, kommt der berühmte Satz:»"Wenn ich acht Stunden Zeit hätte, einen Baum zu fällen, würde ich sechs Stunden die Säge schärfen«. Auf unseren Gedankengang übertragen: Wenn ich den ganzen Tag mit einer durch Dauerbelastung abgestumpften Säge (meinem Gehirn) am Baum herumsäge, ist dies viel aufwendiger und macht bedeutend weniger Spaß, als wenn ich mir zwischendrin Zeit nehme, die Säge wieder zu schärfen (indem ich Pausen einlege).[75]

Ich arbeite strikt mit dieser Methode, wenn ich weiß, dass ich besonders viel zu schaffen habe und hochkonzentriert an einem Thema arbeiten will. Dann stelle ich mir den Timer auf meinem Handy auf 52 bzw. 17 Minuten. Beim Schreiben dieses Buchs habe ich an den meisten Tagen konsequent danach gearbeitet, an manchen Tagen einfach nur darauf geachtet nach einer gewissen Zeit wieder eine Pause einzulegen. Wie bei allen Tipps und Lifehacks muss jeder durch Experimentieren seinen eigenen Flow finden.

---

75 Weitere Gedanken dazu im Kapitel: *Facepalm* ab S. 178.

52/17 praktizieren

Den Timer auf dem Smartphone auf 52 und dann für die Pause auf 17 Minuten stellen und gewisse Arbeitsphasen danach strukturieren.

Bewegte Pausen

Spazieren gehen oder andere Formen der Bewegung in die Pausen des Arbeitsalltages integrieren.

52/17 in Meetings einbauen

In Meetings: Nach ca. 52 Minuten mit allen Teilnehmern eine kurze Verschnaufpause einbauen: Meditation, Spaziergang, kurze Stretchingeinheit oder zusammen singen - why not?

MORGEN MORGEN
MORGEN MORGEN
MORGEN MORGEN
MORGEN
MORGEN MORGEN
MORGEN MORGEN MORGEN

JETZT

MORGEN MORGEN MORGEN
MORGEN

Kapitel 15

Morgen leb' ich im Jetzt, versprochen!

Als Einstieg ins Thema zur Abwechslung mal ein lyrischer Ausschnitt von einem *Poetry Rap,* den ich 2019 vor einer Werbeagentur und deren Kunden gehalten habe:[76]

> *Wir werden leider meist erzogen:*
> *»Du sollst den Tag nicht vor dem Abend loben!«*
> *Aber mal ungelogen, wenn wir erst am Abend toben,*
> *singen, tanzen, johlen, ohne Verstand, wie Dieter Bohlen,*
> *dann ist bis dahin ja der Tag freudlos*
> *an uns vorbei gezogen.*
> *Doch was ist mit dem Rest vom Tag,*
> *der Woche, Monat oder Jahr?*
> *So lebt ein mancher dann sein Leben:*
> *Erst die Schule, dann die Uni,*

---

[76] Du kannst das Video auch in voller Länge auf YouTube anschauen. Es heißt: Wenn ein Optimist optimistisch über Optimismus spricht.

dann der Job und weiter streben.
Immer fleißig, immer müde
und Spaß erst freitagabends dann am Tresen.
Also sollst du das Leben nicht vor dem Tode loben?
Hast du die Freiheit, Freizeit bereits
auf dein' Lebensabend verschoben?
Freude, Glück, Zufriedenheit,
geht jetzt und jetzt und nicht erst bald.

Leid, Unzufriedenheit und Stress entstehen immer dann, wenn du nicht im Jetzt bist. Das gilt zumindest für dich und mich und einen Großteil der Welt. Die Leute, die Hunger leiden, auf der Flucht sind und in Kriegsgebieten täglich um ihr Leben bangen, sollten von uns jedmögliche Unterstützung erhalten und diese betreffen meine Gedanken zu kopfgemachten Schwierigkeiten nicht, da sie in echter Not stecken. Unser Leid ist jedoch fast immer ein Abdriften vom Moment. Denn jetzt geht es dir gut. Was ist *tatsächlich* gerade nicht in Ordnung?

> **Experiment**
>
> Wahrscheinlich hältst du dieses Buch in den Händen, leg es kurz zur Seite und beobachte mit Neugier, ob genau jetzt etwas nicht in Ordnung sein könnte. Nicht in der Zukunft, nicht rückwirkend auf die Vergangenheit. Genau jetzt. Überprüfe aufkommende negative Gedanken auf ihren Wahrheitsgehalt und Relevanz. Wiederhole dieses Experiment im Alltag so lange, bis du mal einen Moment findest, in dem nicht alles in Ordnung ist.

Morgen leb' ich im Jetzt

All die negativen Gedanken, Gefühle und Ideen, die hochkommen, bringen dich vom Augenblick weg, sie sind entweder Geschichten aus der Vergangenheit oder Befürchtungen die Zukunft betreffend. Ein Schmerz ist ein Schmerz und findet in der Gegenwart statt. Ein gebrochener Knochen oder eine schallende Ohrfeige tun weh. Aber Leid und Verzweiflung entstehen erst, wenn wir anschließend denken: Was wird jetzt aus mir, werde ich wieder gesund, was sollen nur meine Eltern sagen? Ein weiterer quälender Gedanke: »Hätte ich doch nur damals, dann wäre heute ...« Was wäre heute?! Woher willst du wissen, wo du heute wärst, wenn es damals anders gekommen wäre? Nüchtern betrachtet: Was passiert ist, ist passiert. Was hätte geschehen können, weißt du nicht. Je mehr du dir eine Realität wünschst, die anders ist, desto mehr Leid erzeugst du in deinem Leben und sorgst, ganz allein, ohne Hilfe der vergangenen Missgeschicke, dafür, dass es dir jetzt schlecht geht. Viele denken man müsste etwas tun – genügend meditieren, das richtige Lebenskonzept finden, hart an sich arbeiten – um dann irgendwann endlich im Jetzt und in Erfüllung leben zu können. Das sich daraus ergebende Paradox steht bereits in der Überschrift: Ein Leben in Präsenz können wir immer nur im Präsens leben! Die oben angesprochenen Tätigkeiten sind hilfreich, es kommt aber auf die Haltung an, mit der wir sie praktizieren. Viel zu oft handeln wir mit einer *Um-zu-Haltung*. Du musst zur Schule und dort brillieren, *um* dann ein gutes Abitur zu bekommen. Während der Schulzeit solltest du ins Ausland, *um* später attraktiver für potenzielle Arbeitgeber zu sein. In der Freizeit dann bitte Dostojewski und Kant lesen, *um* beim Smalltalk glänzen zu können. Dann musst du so schnell wie möglich an die Uni, BWL studieren, *um* später einen aussichtsreichen Job zu erhalten. In den Semesterferien Praktika absolvieren, *um* Kontakte zu knüpfen und später den perfekten Lebenslauf vorweisen zu können. Parallel dazu schon mal das Netzwerk auf LinkedIn finetunen. Dann in Regelstudienzeit fertig studieren und möglichst ohne Lücke ab in den Unternehmensalltag. Dann musst du Überstunden absolvieren, dich durchbeißen, Engagement zeigen, *um* eine Beförderung zu erhalten. Was für ein Wahnsinn, oder? Das Spannende an der Geschichte ist, dass sie sich komplett anders liest, wenn man die Haltung ändert und den *Um-zu-Gedanken* herausnimmt.[77] Auslandsaufenthalte, Studium, engagiert arbeiten, Praktika und Kant lesen sind schöne Dinge, wenn man sich dafür begeistert. Problematisch ist es, wenn du die Dinge immer nur tust, *um* dann später etwas dafür zu erwarten, was dir wiederum noch später zu etwas anderem verhelfen soll. Diese Haltung vernebelt dir die Sicht auf die Schönheit des Moments. Bei vielen endet das *Um-zu-Konzept* erst, wenn es heißt, *um* dann in der Rente mal das Leben zu genießen – schön Kreuzfahrt, herrlich! Viele Rentner bleiben jedoch in dieser Haltung gefangen, hecheln Terminen hinterher oder bedauern nun in der Rückschau die verpassten Gelegenheiten. Und was passiert, wenn du auf dem Weg dahin schon aus dem Spiel des Lebens ausscheidest oder in der Rente nicht mehr die Gesundheit oder Energie hast, *um* dann endlich das zu tun, was du möchtest?

> **Ich erinnere mich gerne an ein Gegenbeispiel zu diesem, leider weit verbreiteten, Lebenskonzept. Bei einer Sommerakademie des Instituts für Angewandte Kreativität, bei dem ich Partner bin, war ein externer Redner zu Gast. Langes, frisurbefreites, fettiges Haar, altmodische Brille, schlechte Körperhaltung. Begeistert erzählte er von seiner Lebensgeschichte und Profession. Schon immer interessierte er sich für Spiele: Computer-, Brett-, Rollen-, Strategie- und Gesellschaftsspiele. Das war seine Leidenschaft und**

---

[77] Weitere Gedanken dazu im Kapitel *Selbstoptimierung selbst optimieren* ab S. 202.

damit verbrachte er einen Großteil seiner Zeit, weshalb sich sein Geschichtsstudium immer mehr in die Länge zog. Was soll aus so einem nur werden? »Taxifahrer«, prognostiziert der *Um-zu-Vertreter* in unserem Verstand. »Komplett falsch!«, antwortet das Leben. Aus dieser recht ungewöhnlichen Kombination von ausgeprägtem Geschichtswissen und dem einzigartigem Verständnis für die Logik von Spielsystemen, entwickelte er schließlich sein eigenes Berufsfeld: Heute schreibt und gestaltet er Businesssimulationen, in denen die Teilnehmer Konzepte wie agiles Projektmanagement, Design Thinking etc. anhand der Bewältigung von Geschichtsproblemen (z. B. die politisch hochgradig aufgeladene Hochzeit der Tochter eines Sharifen im Osmanischen Reich) in Rollen spielend lernen. Das konnte nur entstehen, weil er mit Begeisterung die Dinge verfolgte, an denen er Freude hatte. Und nicht etwas *Ordentliches* in Regelstudienzeit studierte, *um* damit dann ein vermeintlich gesichertes Einkommen und eine aussichtsreiche Karriere anzutreten. Und er ist mir heute – Jahre später – noch lebhaft in meiner Erinnerung. Personen, die im *Um-zu-Modus* immer nur die ausgetretenen Wege beschreiten, besitzen selten diese Strahlkraft.

Du fährst ja auch nicht Ski, *um* möglichst schnell wieder am Lift zu stehen. Was für eine absurde Vorstellung! Die Schönheit liegt im Tun! Du solltest aber auch nicht Lift fahren, *um* dann Ski zu fahren – oder Snowboard in meinem Fall. Auch Liftfahren kann durch inspirierende Gespräche, Kurz-Meditationen, schöne Musik oder sonstige Aktivitäten Freude machen. Oder auch einfach nur Liftfahren um seiner selbst willen: Wie schön ist das eigentlich, wenn man mal darüber nachdenkt? Im Freizeitpark würde man für solche Fahrten Eintritt zahlen[78], die Kinder am Samstag früh aus dem Bett scheuchen, dann alle ins Auto und auf der A 3 im Stau schwitzen bei defekter Klimaanlage. Im Lift funktioniert die Klimaanlage garantiert und die Aussicht ist auch schöner. Aber in dem Moment, wo du nur im Lift sitzt, *um* endlich wieder abfahren zu können, verpasst du die atemberaubende Schönheit der Berge.[79]

Arbeitest du nur, *um* Geld zu verdienen? Mit welcher Haltung startest du in die Woche? Erfolgreiche Unternehmer, die in jungen Jahren ihr Startup verkaufen und genügend Geld für sich und zwei weitere Generationen verdient haben, sind auch nicht glücklicher, weil sie dann endlich *frei sind.* Früher oder später suchen sie sich das nächste Projekt. Spannende Aufgaben helfen uns, Sinn in unser Leben und Struktur in unseren Alltag zu bringen. Was spannend ist, hat weniger mit der Tätigkeit zu tun als mit deiner Haltung. Ich habe passionierte Kassierer, engagierte Pommes-Verkäufer und leidenschaftliche Staubsaugervertreterinnen gesehen, die es mit ihrer Begeisterung mit jedem Influencer, jeder Managerin und jeder Hollywood-Schauspielerin aufnehmen können. Es liegt niemals an der Tätigkeit an sich, ob du sie präsent und begeistert ausführst, sondern immer an deiner Haltung. »Arbeit nervt« singt die Band Deichkind, aber ich kaufe es ihnen nicht ab: Wenn ich mir die Live-Shows von ihnen anschaue, habe ich nicht das Gefühl, dass sie auch nur im Ansatz genervt sind von ihrer Arbeit! Was kannst du bei deiner Arbeit, bei deinem Hobby, bei deiner Freizeit ändern, damit es dir gelingt, eine Haltung von Präsenz und Begeisterung zu finden und der *Um-zu*-Falle zu entkommen?

---

78 Ok, das tun wir beim Liftfahren auch. Aber in der Regel eher für die Ab- als für die Auffahrt.

79 Das gilt natürlich ebenso für das Anstehen am Lift. Du hast die Wahl: Willst du die Zeit in der Schlange in Ungeduld und Wut auf die Liftbetreiber und andere Menschen verbringen oder in Dankbarkeit und Freude?

Bei Winnie Pooh findet sich ein liebenswerter Absatz zu unserem Thema. Leider muss er in der Originalsprache erzählt werden, da sonst die Pointe nicht funktioniert:

> *»What day is it?«, asked Pooh.*
> *»It's today«, squeaked Piglet (Ferkel).*
> *»My favorite day«, said Pooh.*

Welcher Tag soll dein Lieblingstag sein? Samstag? Oder Sonntag? Nur ein oder zwei Siebtel deines Lebens? Wenn du dann noch am Vortag um die Häuser gezogen bist, wird dein Lieblingstag schnell zur Tortur und du hast mal eben die ganze Woche verspielt. Every day is Today and this should be your favorite one! Lasst uns öfter wie Kinder mit naiver Freude, erwartungsfroh und unternehmenslustig in den Tag und in jeden einzelnen Moment starten. Du kannst alle Pläne der Welt haben, erst wenn es dir gelingt, den Weg so zu gestalten oder so zu erleben, dass er auch gehenswert ist und zwar um seiner selbst willen, dann lebst du ein Leben in Erfüllung. Interessanterweise auch dann, wenn deine Pläne nicht aufgehen. Denn für den Weg dahin hat es sich dann ja schon gelohnt. Erfolg (was auch immer Erfolg für dich bedeuten mag), wird meist ein Nebenprodukt sein, wenn es dir gelingt, diese Haltung zu verinnerlichen. Wenn wir Dinge mit Hingabe erledigen – und das wirst du aus eigener Erfahrung wissen – sind wir meist besonders wirkungsvoll.

Abschließend noch ein paar Zahlen zu diesem Thema, geliefert von einer Studie von Matt Killingsworth (Harvard University). Mit Hilfe der App *Track your Happiness* befragte er 15.000 Menschen in 650.000 Momenten nach ihrer Zufriedenheit, also ihrer *Happiness*. Diese Smartphone-Anwendung stellte in allen denkbaren Situationen kurze Fragen und konnte daher sehr alltagsnahe Ergebnisse liefern. Fragen wie: Was machst du gerade, worüber denkst du nach? Wie geht es dir? Die Haupterkenntnis dieser Studie lautet: Wir sind dann am glücklichsten, wenn wir gedanklich bei dem sind, was wir gerade tun. Selbst, wenn du in einem langweiligen Meeting sitzt, vergeudest du Lebensfreude, wenn du dich in andere Welten träumst. Frage dich lieber: Was kann ich tun, welche Frage kann ich stellen, welchen Vorschlag kann ich machen, damit ich mit all meiner Energie wieder in diesem Raum bin? Dann tu es! Was kann schon schief gehen?

Präsente Momente

Schaffe präsente Momente in deinem Alltag. Stelle immer wieder fest, wie im Jetzt alles in Ordnung ist. Alle negativen Gedanken bringen dich von dem weg, was gerade tatsächlich ist. Prüfe diese Hypothese auf ihren Wahrheitsgehalt, so oft es geht.

Leg die Waffen nieder!

Und zwar die *Weapons of Mass Distraction* (Handy, Laptop, Tablet). Die meisten Einladungen, uns vom jetzigen Moment zu trennen, werden durch sie initiiert:

- beim Essen allein oder mit Freunden
- beim Warten
- beim Arbeiten
- bei jeglichen sozialen Interaktionen
- …

Lass das Handy öfter mal bewusst zuhause oder in der Tasche, schalte den Flugmodus ein, leg es in einem anderen Raum schlafen und schalte es morgens erst später ein. Finde deinen eigenen Weg, dich weniger ablenken zu lassen.

Zuhören

Versuche bei dem nächsten vermeintlich langweiligen Gespräch, Vortrag oder Meeting mit all deiner Aufmerksamkeit bewusst im Moment zu bleiben und nicht abzudriften. Wenn es dir nicht gelingt, stell dir die Frage: Wie kannst du die Situation ändern, sodass es dir leichter fällt? Passe dein Verhalten dementsprechend an. Frag die anderen Teilnehmer des Meetings: »Bin ich der einzige, der sich grad nicht mehr konzentrieren kann? Können wir einen kurzen Spaziergang, eine Pause oder etwas Stretching einbauen?«

Studiere dich

Beobachte und reflektiere im Alltag, bei welchen Tätigkeiten du besonders häufig nicht völlig präsent bist. Bei der Arbeit? Wann genau? Mit Freunden? Im Fitnessstudio? Du kannst dich jederzeit über das bewusste Wahrnehmen mental wieder in den Moment zurückholen. Zusätzlich kannst du im Außen etwas ändern, was es dir leichter macht. Was wäre das?

Fang nicht erst morgen damit an

Sondern JETZT!

Kapitel 16

Die toten Winkel des Ego.

Hartmut Rosa und Gerald Hüther[80] sind sich einig: Zu einem erfüllten und glücklichen Leben gehören nahe Verbindungen, gute Zusammenarbeit, tiefe Freundschaften und funktionierende Gesellschaften. Wir alle wissen das und wünschen es uns. Doch warum fällt uns das oft so schwer? Was steht zwischen uns und einer echten Verbindung zu anderen Menschen? Warum streiten wir, booten uns gegenseitig aus, sind genervt oder enttäuscht von anderen? Es sind die toten Winkel des Egos, die uns immer wieder aneinander krachen lassen. Viele Menschen versuchen, Unfälle zu vermeiden, indem sie ihr Ego vergrößern. »Ich brauche nur mehr Fähigkeiten, Geld, Karrierestufen, repräsentative Reisen und Likes auf Social Media, dann lieben mich die Leute und ich kann endlich zufrieden sein«. Doch je größer etwas wird, desto größer werden auch die toten Winkel; das Endergebnis sind LKW-große Egos mit meterlangen toten Winkeln, die sich ständig schmerzhaft anein-

---

80 Jedermanns Lieblingssoziologe und Lieblingshirnforscher.

ander reiben. Nicht ein kleines Ego ist das Problem, es ist das Ego an sich mit seiner begrenzten Sichtweise und toten Winkeln. Also lass uns in die Vogelperspektive wechseln und von hier oben vier tote Winkel aufdecken:

1. Die Überlegenheitsillusion
   Seit Jahrzehnten gut erforscht und – wie so meist – trotzdem nicht flächendeckend im Bewusstsein verankert. Wir überschätzen unsere positiven Eigenschaften und unterschätzen unsere negativen. Das ist im Umgang mit uns selbst oft gut. Die Zufriedenheit mit sich selbst ist die Grundlage zu Glück und Performance (wenn man das möchte). Bei einigen Dingen schätzen wir uns auch richtig ein oder halten uns sogar für unterdurchschnittlich begabt, obwohl wir *objektiv* besser dastehen als gedacht. Aber: Ein Großteil der Menschen hält sich in einem Großteil der Attribute und Fähigkeiten (Intelligenz, Aussehen, Leadership, Autofahren, Vorträge halten, Empathie…) für überdurchschnittlich. Du musst nicht einmal den Taschenrechner hervorholen, um festzustellen, dass das mathematisch nicht aufgeht. Wenn man die Personen eines Haushalts einzeln befragt, was ihr jeweiliger Anteil an der Erledigung der Aufgaben ist, dann landet man beim Aufaddieren oft weit über 100%. Und das, obwohl viele Dinge liegen bleiben und die Wohnung selten auch nur ansatzweise nach 100% aussieht. Vielleicht denkst du gerade, wie einige meiner Seminarteilnehmer: »Ja das stimmt, das habe ich bei anderen schon beobachtet. Aber ich kann mich gut einschätzen!«. Ich liebe es, wenn das passiert, da ich den Reflex auch von mir kenne. Es zeigt sehr schön, wie unser Verstand funktioniert. Denn: Höchstwahrscheinlich überschätzt du deine Fähigkeit der

Die toten Winkel des Ego

Selbsteinschätzung und beweist dir damit die Existenz der Überlegenheitsillusion. Daraus resultiert, dass wir zu kritisch im Umgang mit anderen sind. Beim Autofahren regen wir uns über die Fahrradfahrer auf und beim Radfahren über die Autos. Wenn du wüsstest, dass der Idiot, der dich gerade geschnitten hat, seine Frau ins Krankenhaus bringt, sähe die Sache anders aus. Bei uns selbst sind es oft die Umstände, die wir verantwortlich machen, wenn Dinge schiefgehen oder wir uns unfair verhalten. Bei unserem Gegenüber vermuten wir oft zu schnell, dass es an Kompetenz, Durchsetzungsvermögen oder Intelligenz mangelt. Wenn du dir stets des toten Winkels der Selbstüberschätzung bewusst bist, fällt es dir leichter, anderen zu vertrauen und deine eigenen Fähigkeiten im Verhältnis realistischer einzuschätzen. Auf diese Weise musst du weniger für andere mitdenken und kannst deine Aufmerksamkeit auf die Dinge lenken, die dir wirklich am Herzen liegen.

2. Perspektiefe[81]
Der Begriff beschreibt die Tatsache, dass wir oft knietief in unserer Perspektive festhängen und diese für eine allgemeingültige Wahrheit halten. Unser kultureller Hintergrund, unsere Erfahrungen und genetische Disposition sorgen dafür, dass wir unsere persönliche Realität erschaffen. Das hilft uns, durch unser Leben zu navigieren und macht die Welt unterhaltsam. Problematisch wird es, wenn sich zwei konträre Perspektiefen kreuzen und beide Seiten fest davon überzeugt sind, dass ihre jeweilige Sicht die einzig legitime ist. Die Schlacht der

---

81 Siehe dazu auch das gleichnamige Kapitel ab S. 42.

Rechthaberei kann beginnen! Gepaart mit unserer ausgeprägten Überlegenheitsillusion ist es nicht verwunderlich, dass es schwer fällt zu glauben, dass unser Gegenüber auch Recht haben könnte. Wenn wir in echten Kontakt mit anderen treten wollen, müssen wir akzeptieren, dass wir nur eine von knapp 7 Milliarden möglichen Sichtweisen auf dieser Welt vertreten.

> **Experiment**
>
> Überlege, welche Rechthaber du in deinem Bekanntenkreis hast (Job, Familie, Freunde, Hobby). Mache mal eine gedankliche Liste. Wie viele Personen fallen dir ein?
> Willst du ein Geheimnis wissen? Der Rechthaber bist du! Ich übrigens auch. Wenn du das Gefühl hast von Rechthabern umgeben zu sein, ist es ganz besonders schlimm. Nur ein Rechthaber erkennt seine Artgenossen und erzeugt diese erst durch sein eigenes Verhalten. Wenn du krampfhaft an deiner eigenen Perspektiefe festhältst, bist du schnell genervt von der vermeintlichen Rechthaberei deines Gegenübers.

So ist es bei den meisten Dingen: Wir können uns nur über Dinge aufregen, mit denen wir selbst ein Thema haben. Was uns an anderen stört, hat immer etwas mit uns zu tun. Menschen in deinem Umfeld fühlen sich von Charakterzügen gestört, mit denen du keine Probleme hast und anders herum. Du erschaffst deine eigene Welt und in dieser Welt tauchen in unterschiedlichen Erscheinungsformen immer wieder die gleichen Probleme auf. Unsere Denkmuster und Erfahrungen liegen wie ein Filter über unserer Wahrnehmung. Wenn du eine tief verankerte Geschichte mit einer Person hast – Ella ist so unzuverlässig – muss sie nur einen Stift fallen lassen und du rollst schon mit den Augen. Der zielstrebige Rolf kann einen ganzen Postkartenständer umlaufen und du denkst: »Der stand aber auch ungünstig, kann ja Rolf nichts dafür«. Erst wenn wir alle selbst erzeugten Erwartungen und Geschichten fallen lassen, können wir einander mit Kreativität, Nähe und Freude begegnen.

3. Schuldzuweisung
Epiktet stellte bereits 100 Jahre nach Christus fest: »Wenn wir nun auf Hindernisse stoßen, oder beunruhigt, oder bekümmert sind, so wollen wir niemals einen andern anklagen, sondern uns selbst, das heißt: Unsere eigenen Meinungen.« Eigentlich wissen wir ja auch, dass wir immer an unserer Wahrnehmung leiden, setzen es aber im Alltag selten um. Wenn ich nach Schuldigen suche, mache ich mich selbst zum Opfer der Umstände. Ich muss dann jeden Menschen, jedes Ereignis der Welt so gestalten, dass es meinen Erwartungen entspricht. Wenn du diese Aufgabe ernsthaft verfolgen möchtest, bleibt nicht mehr viel Zeit für andere Dinge im Leben! Stattdessen könntest du mit gütiger Haltung bei dir selbst anfangen und deinen eigenen Anteil sehen. Die Schuldfrage lenkt unsere Aufmerksamkeit immer in die Vergangenheit, in der wir sowieso nichts mehr bewegen können. Es ist müßig, darüber nachzudenken und bindet Ressourcen, die wir beim Aufräumen des Chaos gut gebrauchen könnten. Statt nach Schuldigen zu suchen, können wir Selbstverantwortung übernehmen. Das englische Wort ist sogar noch schöner, weil aufschlussreicher: *Self response-ability*. Die Fähigkeit, in Resonanz zu sein oder auf die Situation angemessen zu antworten – und zwar kreativ, nicht reaktiv. Diese Antwort findet in der Gegenwart statt, sie sucht nicht nach

Ursachen und Erklärungen in der Vergangenheit. Nun kann der Impuls entstehen, dich selbst zu verurteilen für alle Probleme, die du wahrnimmst. Denn du erschaffst sie ja in deinem Kopf. Im Anschluss an das oben genannte Zitat schreibt Epiktet: »Sache des Unwissenden ist es, andere wegen seines Missgeschicks anzuklagen; Sache des Anfängers in der Weisheit, sich selbst anzuklagen; Sache des Weisen, weder einen andern noch sich selbst anzuklagen.« Ein Großteil unserer Problematisierungen entsteht durch unsere gemachten Erfahrungen und Sozialisierung. Für diese können wir keine Verantwortung übernehmen.

Daher müssen wir uns nicht verurteilen für die Probleme, die wir erzeugen und dürfen bei aller Selbstverantwortung auch gnädig uns selbst gegenüber sein. Einen Sündenbock zu suchen ist niemals zielführend. Was passiert ist, ist passiert. Interessanter ist die Frage, wie wir im Anschluss damit umgehen.

4. Vergleich, Fairnessempfinden und Vergeltung
Familien, Freundschaften und Beziehungen zerbrechen regelmäßig an diesen irrationalen Gefühlen. In der Spieltheorie wurden viele Experimente rund um das Ultimatumspiel aufgesetzt: Versuchsteilnehmerin A soll 10 € mit einer weiteren Person B beliebig teilen – z.B.: A: »Ich behalte 6 € und gebe 4 € ab.« B darf entweder akzeptieren oder ablehnen. Lehnt er ab, bekommen beide nichts. Rational betrachtet sollte B jeden Betrag annehmen, denn etwas Geld ist besser als kein Geld. Unser Fairnessempfinden und der Vergleich mit der anderen Person sorgen dafür, dass viele Teilungsvorschläge abgelehnt werden und jede Menge Geld nicht bei den

Die toten Winkel des Ego

Versuchsteilnehmern ankommt. Und wir können uns da auch gut hineinversetzen: »Mein Schwager bekommt 500 € mehr im Monat? Wofür? Die faule Socke!« Egal wie viel wir im Monat verdienen, wenn Personen im Umkreis mehr verdienen, ist bei unreflektierter Lebenseinstellung Missmut vorprogrammiert. Dabei sollten wir uns doch freuen, dass unser Schwager noch mehr verdient als wir, so steht die finanzielle Sicherheit in der Familie auf sicheren Beinen. Und doch ist es so, dass laut Studien der Verdienst des Schwagers maßgeblich die (Un-)Zufriedenheit mit dem eigenen Einkommen bestimmt. Im Ultimatumspiel die angebotenen 4 € auszuschlagen, entspricht einem Vergeltungsschlag im echten Leben – »Nicht mit mir!« sagt das Ego und übersieht durch die vom verletzten Stolz beschlagene Brille[82] die Gelegenheit, leichte 4 € zu verdienen. In der Dokumentation *I am a Killer* werden die Angehörigen von Mordopfern nach 20 oder 30 Jahren interviewt. Einige sind voller Hass und Verbitterung wie am Tag nach der Tat und andere sind Brieffreunde des Mörders geworden. Welcher Umgang mit Vergebung zu mehr Zufriedenheit im Leben führt, kannst du dir ausmalen. Anthony Ray Hinton wurde – höchstwahrscheinlich aufgrund seiner dunklen Hautfarbe – unschuldig zum Tod verurteilt. 30 Jahre später wurde schlussendlich seine Unschuld bewiesen. Als er in einem Fernsehinterview angab, dass er allen, die ihn ins Gefängnis gebracht hatten, vergeben habe, fragte der Moderator: »Aber sie haben Ihnen 30 Jahre Ihres Lebens genommen, wie können Sie nicht wütend sein?«. Seine Antwort lautete: »Wenn ich wütend und nachtragend wäre, hätten sie auch noch den

---

82 Eine Variante des an anderer Stelle besprochenen Mindfogs.

Rest meines Lebens genommen«. Diese Geschichte habe ich im *Book of Joy* entdeckt. In diesem Buch beschreibt Douglas Carlton Abrams einen mehrtägigen Austausch zwischen dem Dalai Lama und Desmond Tutu (beides Friedensnobelpreisträger). Neben vielen weiteren Weisheiten ist ihre Kernbotschaft: Vergebung ermöglicht es uns, nicht in der Vergangenheit zu leben und die Gegenwart mehr wertzuschätzen. Wir müssen niemandem vergeben, aber am meisten schaden wir mit dieser verbitterten Haltung uns selbst und den geliebten Menschen in unserer Umgebung.

> **Experiment**
>
> Schreibe drei Eigenschaften oder Verhaltensweisen auf, die dich besonders an anderen Menschen nerven oder aufregen. Die vielleicht sogar schon einmal dazu geführt haben, dass du eine Beziehung oder Freundschaft beendet hast. Jetzt finde jeweils drei konkrete Beispiele, wann du selbst so gehandelt hast. Wo du anderen oder dir selbst gegenüber eben diese Verhaltensweise an den Tag gelegt hast. Im Kleinen, im Großen, auf die gleiche Weise oder im übertragenen Sinne. Diebstahl muss nicht immer physisch sein, eine Lüge nicht immer ausgesprochen.

Wenn wir feststellen, dass wir alles, was wir an anderen verurteilen, auch in uns finden können, wenn wir das, was wir an uns schätzen, auch in anderen sehen können, wird unser Blick auf die Welt gütiger und unsere toten Winkel werden kleiner. Unser Groll auf andere entsteht durch unsere starre Perspektive, unsere mangelnde Einsicht, dass wir vermutlich selbst im Leben oft genug ähnlich gehandelt haben. Häufig wiederholen wir das Verhaltensmuster, was wir anderen vorwerfen durch unseren Vorwurf. Jemandem mangelnde Fairness vorzuwerfen, ohne wirklich

Die toten Winkel des Ego

verstanden zu haben, was die Beweggründe sind, ist hochgradig unfair dieser Person gegenüber. Egoismus wird oft von demjenigen vorgeworfen, der sich in den Ansprüchen des eigenen Egos verletzt fühlt. Du hast keine Probleme mit anderen, wenn du dir keine problematischen Geschichten über sie erzählst (körperliche Gewalt sei hier mal ausgenommen).

Wie sähe unsere Welt aus, wenn wir uns unvoreingenommen begegneten, andere nicht für unser (Un-)glück verantwortlich machten und jeden Moment in Präsenz und Neugierde verbrächten? Ich glaube, diese Welt sähe sehr schön aus. Aber auch das ist eine Frage des Blickwinkels.

Die Reanimation der toten Winkel

Belebe die toten Winkel deines Egos, indem du sie in dein Sichtfeld zurückbringst. Reflektiere mehr, stelle mutige Fragen und gehe in Kontakt mit den Menschen. »Habe ich dich verletzt?« »Wie können wir in Zukunft besser zusammenarbeiten?« Du kannst es nicht wissen, wenn du die toten Winkel nicht sichtbar machst.

Perspektivlosigkeit kultivieren

Je genauer du weißt, was du willst und was du nicht willst, wen du magst und wen nicht, desto kleiner wird deine Welt. Stell deine toten Winkel in Frage und begegne Situationen und Personen immer so, als wäre es das erste Mal. Besonders bevor du in eine Situation gehst, über die du eine sehr enge Perspektive hast, lass sie bewusst zurück und werfe dich ohne Schild, Schuld und Scheuklappen ins Leben.

RAOK – Random Acts of Kindness

Integriere Random Acts of Kindness in deinen Alltag. Lass keine Gelegenheit aus, dir selbst einen Gefallen zu tun, indem du ohne Gegenleistung zu erwarten anderen etwas Gutes tust. Ob du dich mit der alten, vereinsamten Nachbarin hinsetzt und ihr Gesellschaft leistest, du den fremden Müll, der auf der Wiese liegt, aufsammelst oder deinem Partner/deiner Partnerin mal wieder einen Liebesbrief schreibst, spielt dabei keine Rolle. Am schönsten sind die RAOKs, bei denen niemand mitbekommt, dass du der heimliche Samariter warst.

Kapitel 17

Wenn das Glas halb leer sehen schon die halbe Miete ist.

Ich bin Optimist und zähle mich zum Team *Glas-halb-voll*. Der berühmte Psychologe Daniel Kahnemann beschreibt Optimismus als Grundlage eines erfüllten und guten Lebens.[83] Ich leihe mir in diesem Kapitel jedoch das Bild des halb vollen Glases aus, um einen völlig anderen Aspekt unseres Denkens zu beschreiben. Dabei nutze ich die bereits gut in deinem Kopf verankerte Metapher des Glases als Trittbrettfahrer, um mein Konzept leichter in deinem Kopf anzudocken. Und dich über diese Eselsbrücke direkt zur Oase der nachhaltigen Veränderung deines Lebens zu führen. Es geht hier darum, wie voll dein Kopf (das Glas) mit Gedanken und Konzepten (dem Wasser) ist. Und in dem Sinne ist halb leer schon die halbe Miete auf dem Weg zur völligen Unvoreingenommenheit. Wenn es uns gelingt, vorgefertigte Überzeugungen, Konzepte, Ideen, Vor-urteile für den Moment außen vor zu lassen, ermöglicht dies einen gelasseneren und

---

83 In seinem empfehlenswerten Buch: *Thinking Fast and Slow* ab S. 255.

kreativeren Umgang mit vermeintlichen Problemen und dem Leben als solches. »Um das Problem zu lösen, musst du dich vom Problem lösen« heißt es so schön. Einstein, der Godfather der Zitate, sagte dazu: »Probleme kann man niemals mit derselben Denkweise lösen, durch die sie entstanden sind.«

Wir begegnen – besonders nach einer Meinungsverschiedenheit – anderen Menschen meist mit einer vorgefertigten Meinung oder Haltung: Über den Verlauf des Gesprächs, die andere Person im Allgemeinen, wer Recht hat und wer nicht. Dazu kommt, dass wir unsere eigene Sichtweise oft unbedingt durchsetzen möchten. Diese Begegnungen verlaufen völlig anders, wenn es uns gelingt, offen und mit einer gewissen Neugier oder Unvoreingenommenheit (also mit einem leeren Glas) in Kontakt zu treten. Nur aus dieser Haltung heraus können wir echte Verbindung mit den Gesprächspartnern zulassen, Kreativität ermöglichen, Eskalation vermeiden und neue Wege gehen. In einem vollen Glas ist kein Platz für andere Sichtweisen und intelligente Lösungen. Erst durch das Kombinieren und Ergänzen, das Erweitern, Ausbauen und Abstimmen verschiedener Perspektiven können wir spannende Konzepte und Ideen entwickeln.

Häufig rechnen wir alle Erfahrungen, die wir mit dieser Person gemacht haben, in die aktuelle Situation ein. Bei entsprechender Vorgeschichte (einem vollen Glas), reicht so manchmal nur ein Tropfen in Form eines Augenaufschlags vom nervigen Bekannten, der das Fass zum Überlaufen bringt. Bei jedem anderen würde das in der Form nicht passieren. Das kann zu hochgradig irrationalen Reaktionen führen, die das Verhältnis nur noch weiter trüben.

Das Glas halb leer

Passend dazu ein kurzer Auszug aus einem Poetry Rap von mir:[84]

Denn selbst oder sogar erst
wenn dein Glas leer ist
eröffnen sich dir neue Türen.
Kreativität entsteht nicht,
wenn wir im alten Wasser rühren.
Randvoll gefüllte Fässer laufen leichter über.
Erfolg und Misserfolg sind eineiige Zwillingsbrüder.
Die Frage wie viel Wasser in dein'm Glas ist,
wird dir egal, wenn du dein Glück
nicht mehr mit Maß misst.

Das gleiche gilt auch, wenn es darum geht, Probleme im Arbeitsalltag oder generell im Leben zu lösen. Hier stehen uns die Erfahrungen und Muster der Vergangenheit im Wege. Mit der altbekannten und gern zitierten Kreativtod-Haltung: »Das haben wir schon immer so gemacht« werden neue Ideen schon im Keim erstickt. In einer sich ständig verändernden Welt sind jedoch selbst die erfolgreichsten Handlungsstrategien irgendwann allenfalls Material für den Dachboden. Dort kann man sie hin und wieder einmal abstauben, herausholen, nostalgisch betrachten und lächelnd sagen: »Ach was! So haben wir das früher mal gemacht? Verrückt!« Dabei sind uns die Menschen besonders hilfreich, die eine völlig andere Haltung und frische Ideen zu gewissen Themen haben. Deren Glas ist in Bezug auf das aktuelle Thema noch völlig leer und so rühren sie nicht weiter in der, stellenweise schon abgestandenen, Suppe der Erfahrung, sondern lassen auch mal komplett neue und verrückte Ideen zu. Wenn es dir dann noch

---

84 Ein weiterer Teil dieses Stücks taucht an anderer Stelle im Buch auf. Dort findest du auch den Hinweis zum passenden Video dazu. Die Schnitzeljagd kann beginnen!

gelingt zu sagen: »Warum nicht? Versuchen wir mal.« anstatt »Ja, aber...« steht der nächsten Innovation oder der lebensverändernden Erkenntnis nichts mehr im Wege. Und natürlich ist Erfahrung auch etwas sehr Wertvolles, denn sie ist ja ein Schatz an praktischem Wissen. Wir neigen jedoch dazu, davon auszugehen, dass die Art, wie wir die Welt sehen, die einzig richtige ist und diese starre Perspektive blockiert uns in unserem Potential für Neues.

Wie leeren wir das Glas? Das lässt sich anhand einer Metapher aus der Computerwelt verdeutlichen: Mach einen Reset deines Systems! Viel zu lange hast du schon nicht mehr neu gestartet, viel zu viele Prozesse laufen im Hintergrund ab und ein Großteil deines Arbeitsspeichers wird verbraucht durch heruntergeladene Viren und nicht hilfreiche Programme (des Denkens). Auch der Lüfter deines Laptops kommt mit dem Herunterkühlen deines Gemüts, pardon deiner Festplatte, nicht mehr hinterher, weil sich durch die vielen unnötig im Hintergrund ausgeführten Anwendungen das System dermaßen überhitzt hat. Dazu ist der Lüfter selbst auch noch verstaubt! Wenn jetzt eine zusätzliche Anfrage reinkommt, kann es passieren, dass das ganze System abstürzt. Dann geht gar nichts mehr! Also lieber einmal neu starten oder im Extremfall mal die Festplatte neu formatieren (das Glas leeren) und alles wieder zurück auf den Default-Modus (also die Betriebseinstellung). So wie Kinder. So, wie wir Menschen gedacht sind. Offen, wissbegierig und mit der Aufmerksamkeit und Energie nur bei dem, was gerade im Moment stattfindet. Aber dann spielen unser Umfeld, die Gesellschaft und wir selbst im Laufe unseres Lebens all diese Programme auf die Festplatte: Du musst mal etwas werden, du musst Geld, aber keine Fehler machen, nach gewissen Vorgaben und Klischees eine Partnerschaft ausleben, Häuschen bauen, bestimmten Idealen entsprechen... und diese Programme nehmen uns in den entscheidenden Momenten die nötige Kreativität, Leichtigkeit oder Toleranz.

Das Glas halb leer

Dabei ist unser natürlicher Zustand eigentlich nur verdeckt, niemals verschwunden. Wir müssen gar nicht viel tun. Feststellen, dass das Glas zu voll ist, zu viele Prozesse parallel laufen und über einen kurzen Reset wieder zurück in den Augenblick finden. Denn der jetzige Augenblick, die jetzige Begegnung ist die derzeit einzig relevante in deinem Leben. Nimm dir vor deinem nächsten Gespräch ein paar Augenblicke Zeit, um alle Konzepte, Erwartungen und Projektionen für den Moment zu löschen und dein System neu zu starten. Auch während einer akuten Auseinandersetzung. Wann immer du das Gefühl hast, dass du dich in deiner Programmierung, in deinem Algorithmus verrennst und das Glas überschwappt. Du wirst feststellen, dass du auf diese Weise viel eher in Kontakt mit deinem Gegenüber kommst, mehr Kreativität entstehen kann und du wesentlich gelassener scheinbare Stresssituationen meisterst.

Reset-Ritual etablieren

Leere dein Glas: Schließe deine Augen und balle deine Fäuste fest zusammen. Nun erlaube dir, mit all den Verstrickungen, Gedanken und Mindfog, die aktuell in deinem Kopf sind, da zu sein. Arbeite sie heraus und steigere dich rein! Beobachte im Wissenschaftler-Modus, wie es dir dabei geht. Nachdem es dir gelungen ist, dich richtig einzufühlen, öffne langsam deine Augen und Fäuste. Lasse dabei die Gedanken wieder los. Stelle fest, dass im jetzigen Augenblick alles in Ordnung ist und all deine Sorgen nur Geschichten sind.

Mache einen Reset im Team

Kreativität und echte Verbindung sind erst möglich, wenn alle Anwesenden mit leeren Gläsern im Default-Modus sind. Gönne nicht nur dir einen Reset, sondern kultiviere einen kurzen Neustart zu Beginn jedes Meetings oder Austauschs

(oder zwischendurch) privat wie beruflich:
z.B.: Kurze Meditationsübung, Moment
der Stille, kleine Yoga-Einheit, gemeinsam Singen, Tanzen, Lachen. Hier sind
deiner Kreativität (und deinem Mut) keine
Grenzen gesetzt.

Suche dir Sparringspartner

Tausche dich bewusst mit Menschen aus,
die eine völlig andere Sichtweise haben
als du. Gerne auch so kontrovers, dass
es dein randvolles Glas zum Überlaufen
bringt und du dich persönlich angegriffen fühlst. Wenn du merkst, dass du dem
Gespräch am liebsten aus dem Weg gehen
würdest oder dein Gegenüber verurteilst,
versuche die *Leere-Glas-Haltung* zu
praktizieren und frage neugierig nach.

FACEPALM

Kapitel 18

Facepalm. Hinter der Stirn liegt der innere Schweinehund begraben.

Die Kapitelüberschrift testet auch gleichzeitig unnützes Nischenwissen aus der Internetkultur. Wenn du während der folgenden Erläuterung bekräftigend nickst und die Bedeutung schon kennst, hast du den Test bestanden. Falls du nach der Erläuterung des *Facepalms* einen solchen instinktiv durchführst, hast du nicht bestanden. Dafür hast du dann aber direkt praktische Erfahrungen auf dem Gebiet gesammelt.[85] Die Gallionsfigur des *Facepalming* ist Startreks Captain Picard. Google zeigt als zweiten Treffer bei der Bildersuche nach *Facepalm* ein Bild, in dem er einen solchen lexikonreif ausführt: Stirn auf die Hand gestützt, den Blick verzweifelt nach unten. Um einem Facepalm mehr Ausdruck zu verleihen, kann unterstützend noch ein Kopfschütteln in die Gestik eingebaut werden. Im Idealfall ist der Ellenbogen dabei auf einen Tisch gestützt. Probiere es ruhig direkt aus! Alternativ gibt es auch den

---

85 Und außerdem bewiesen, dass du nicht so viel Zeit im Internet verbringst, was auch ein Grund zur Freude ist.

aktiveren Facepalm im Stehen: Einfach einen Klapps mit der Handfläche auf die Stirn, mit einem lauten Klatschgeräusch verbunden. Angewandt wird dieser in der Regel bei folgendem inneren Dialog: »Herrje, du Idiot! Du hättest es besser wissen müssen.« Das Bild des Facepalms nutze ich gern als Eselsbrücke, um ein neurowissenschaftlich gut erforschtes Phänomen in die Alltagswelt zu bringen. Denn welches Hirnareal befindet sich hinter der Stirn?

Der Präfrontale Cortex, kurz PFC. In der Entwicklungsgeschichte des Gehirns gehört er zu den neuesten Arealen und ist entsprechend komplex. Er ist für unser rationales Denken, wie z. B. Problemlösen, zuständig und kommt auch zum Einsatz, wenn wir instinktiven Handlungsimpulsen entgegenwirken möchten. Diese beinah reflexartigen Handlungen werden durch ältere Bereiche unseres Hirns ausgelöst, hauptsächlich durch die Amygdala in unserem limbischen System. Diese alten Systeme funktionieren wesentlich effizienter als ihre modernen Äquivalente. Je nach Zustand kommt der PFC überhaupt nicht mehr gegen die impulsiven Handlungen an und die Amygdalae übernehmen die Kontrolle über unsere Handlungen (ja genau: Plural. Im Sprachgebrauch wird häufig von der Amygdala gesprochen, Singular. Die Amygdala besteht jedoch aus zwei mandelförmigen Gebilden, den Amygdalae. #smalltalkwissen).

Unser PFC verbraucht enorm viel Energie und wenn seine Ressourcen aufgebraucht sind, fällt es uns sehr schwer, den Impulsen der Amygdala entgegenzuwirken. Es gibt einige Möglichkeiten, wie uns der PFC *trocken laufen* kann. Das intuitiv Einsichtigste: *Alkohol*. Nicht ohne Grund entwickeln sich Versammlungen, wie das Oktoberfest, zum Austragungsort der Weltmeisterschaften für PFC-befreites Handeln. In den Disziplinen: Völlerei, Schlägerei, Liebelei. Besonders relevant wird es aber vor allem im Alltag, denn

Facepalm

das kann beinah jeder bei sich beobachten: In dem Moment, wo du nur ein bisschen Alkohol dem System hinzufügst, fängst du an, unvernünftiger und entgegen deiner Vorsätze und Werte zu handeln. Der Griff zu den Chips fällt generöser aus, der zweite Nachschlag leert die Packung Ben&Jerry's Eiscreme und aus einer unachtsamen Bemerkung gegenüber der Partnerin entfesselt sich ein spannender Schlagabtausch, der für dich in einer einsamen Nacht auf der Couch gipfelt. Manchmal gelingt es dir sogar, die Situation währenddessen zu beobachten und zu denken: Warum mache ich das eigentlich gerade? Und trotzdem greifst du nicht ein, denn: Du kannst auf die intervenierende Unterstützung durch deinen PFC nicht setzen. Diese Beispiele können jedoch nicht nur bei alkoholgeschwängerten Hirnwindungen auftreten, sondern sind Ausdruck eines geschwächten PFC im Allgemeinen.

Eine weiterer Energieräuber ist der Schlafmangel. Arnold Schwarzenegger hat mal sinngemäß gesagt: »Du willst etwas erreichen im Leben, warum schläfst du so viel? Der Tag hat 24h, wenn du acht Stunden davon mit Schlaf verschwendest, bist du selbst schuld!« Und diese Haltung scheint in großen Teilen unserer Kultur verbreitet zu sein. Viele kämpfen sich von Kaffee zu Kaffee durch den Tag und wissen ab dem Mittagessen bis zum Abend auf der Couch oft nicht, wie sie eigentlich ihre Augen offenhalten sollen.[86] Lieber ein paar Stunden mehr mit Schlaf verbringen und dafür den Tag mit vollem Zugriff auf den Bereich hinter unserer Stirn genießen. Und mit weniger Facepalm-Momenten. In einer Studie hat man drei Gruppen bezüglich ihrer Leistung bei Geschicklichkeits- und Logiktests verglichen. Die erste Gruppe hat regelmäßig acht Stunden geschlafen, die zweite hatte eine Nacht durchgemacht (war also

---

86 Das hat nicht nur mit Schlafmangel, sondern auch mit überzuckerter Nahrung und einer wild gewordenen Insulintätigkeit zu tun, aber das ist ein anderes Thema.

zum Zeitpunkt der Tests 48 h wach) und die dritte hat über einen Zeitraum von fünf Tagen nur 6 h geschlafen. Die Ausgeschlafenen schnitten natürlich am besten ab. Das Erschütternde ist jedoch, dass die anderen beiden Gruppen eine in etwa gleich schlechte Leistung ablieferten. Die Personen, die über einen Zeitraum von fünf Tagen 6 h geschlafen hatten, waren also kognitiv genauso schlecht wie die 48 h-Schlaflos-Gruppe. Wenn du regelmäßig sechs Stunden oder weniger schläfst und das Gefühl hast, trotzdem mental auf der Höhe zu sein, kannst du dich fragen: Wie viel mehr Kapazität könntest du freischalten, wenn du dir etwas mehr Schlaf gönnen würdest? Denn Schlaf füllt die Speicher im PFC auf und sorgt dafür, dass wir morgens mit einem höheren Grundlevel starten. Und das ist umso wichtiger, wenn wir uns bewusst machen, dass ein Großteil der Tätigkeiten in unserer heutigen Welt kognitiver Natur sind und damit zusätzlich die Speicher leerräumen. Tagsüber ziehen wir mit kniffligen Aufgaben und herausfordernden Interaktionen den PFC leer und am Abend vernichten wir den Restbestand mit Alkohol. Dieser verschlechtert wiederum nachweislich die Qualität des Schlafs an sich (selbst, wenn er manchmal beim Einschlafen unterstützen kann) und verschlechtert so, zusätzlich zu einer zu geringen Anzahl an Stunden Schlaf, die Möglichkeit über Nacht die Speicher wieder aufzufüllen. Immer diese Teufelskreis-Systematik!

Viele Menschen verbringen so einen Großteil ihres Lebens mit limitiertem Zugang zu ihrem Potential. Das erklärt, warum es dann so schwerfällt, sich nach einem langen Arbeitstag noch aufzuraffen, die Turnschuhe zu schnüren und um den Block zu laufen oder den wundersam beschwerlichen Weg ins Fitnessstudio aufzunehmen. Und das, obwohl wir eigentlich wissen, wie gut uns das tut. Das bezieht sich, wie oben bereits erwähnt, auch auf den Zustand, der im Volksmund als *kurze Lunte* bezeichnet wird. Wenn du ein Dynamit mit kurzer Lunte hast und dieses wird gezündet, bleibt allen Anwesenden

Facepalm

Wenn es dir gelingt, deinen Präfrontalen Cortex dauerhaft mit genügend Energiereserven zu versehen, kannst du den *inneren Schweinehund* direkt an Ort und Stelle begraben.

eigentlich nur noch, in Deckung zu gehen. Bei einer langen Lunte ist vor der Explosion immer noch Zeit zum Reflektieren mit anschließendem Intervenieren. Du regst dich also vielleicht kurz über einen von deinem Kollegen geäußerten Satz auf, gehst aber nicht sofort in die Luft. Stattdessen hast du noch Zeit, darüber nachzudenken, ob der Satz jetzt wirklich so schlimm war oder du einfach nur etwas müde bist. So kann dein PFC die steinzeitlichen Reaktionsmuster und Verbalausbrüche noch verhindern.

Wie kannst du also die Facepalm-Momente in deinem Leben reduzieren? Der Logik nach ergeben sich zwei Möglichkeiten:
1. Dafür sorgen, dass du wenig Ressourcen verbrennst oder
2. deinen PFC genügend mit Ressourcen versorgen.

Um erstens so wenig wie möglich Ressourcen im Präfrontalen Cortex zu verbrennen, kannst du weniger Alkohol trinken oder dich weniger in Situationen bringen, wo deine Willenskraft hochgradig gefordert wird. Wenn die Tätigkeiten, die du ausüben willst, zur Gewohnheit geworden sind, dann brauchst du zur Durchführung dieser weniger Willenskraft. Diese laufen dann wie automatisch ab. Zähneputzen kann auch nerven, aber wenn wir es uns zur Gewohnheit gemacht haben, morgens als erstes und abends als letztes die Zähne zu putzen, dann müssen wir darüber keinen Gedanken verschwenden.[87]

Um zweitens deinen Präfrontalen Cortex zu füllen, gibt es unterschiedliche Möglichkeiten. Eine Möglichkeit ist der oben angesprochene Schlaf. Neben der simplen Erhöhung der Anzahl an Stunden gibt es einige Möglichkeiten, die Qualität des Schlafs zu verbessern. Ideen dazu findest du am Ende des Kapitels in den Lifehacks. Du kannst aber auch tagsüber etwas tun: Nichts. Also zur Abwechslung

---

[87] Weitere Gedanken dazu im Kapitel: *Routiniert Routinen rotieren* ab S. 82.

Facepalm

mal *nichts tun*. An vorderster Front die Meditation. Mittlerweile wissenschaftlich gut fundiert, konnte bei Menschen, die viel meditieren, festgestellt werden, dass die Amygdala weniger dicht, der PFC aber besser ausgeprägt ist. Wie im Kapitel *52/17 ist das neue 24/7* aus anderer Perspektive beleuchtet wird, sind generell Pausen, in denen du abschalten kannst (geistig wie elektronisch), wichtig für die Stabilität unseres Systems. Das kann neben Kurz-Meditationen auch Bewegung oder Yoga bedeuten. Eine simple, aber wirkungsvolle Methode ist die, auch im Business-Bereich immer bekannter werdende, Mindfulness- oder Achtsamkeitsmeditation. Der Ablauf ist recht schnell erklärt:

Setze dich am besten mit geradem Rücken auf einen Stuhl oder in den Schneidersitz. Dann schließe die Augen und folge diesen simplen, aber nicht immer leichten, zwei Schritten:

1. Lenke deinen Fokus auf den Atem. Dann werden – je nach Verfassung – Gedanken aufkommen; über eine E-Mail, die noch aussteht, wann es eigentlich Essen gibt oder was du deiner Mutter zum Geburtstag schenkst. Profanes. Stressiges. Bescheuertes. Die Kunst und der eigentliche Sinn der Übung liegt im nächsten Schritt:

2. Bemerke, wenn du nicht mehr den Atem beobachtest und deine Gedanken wandern. Und zwar – ganz wichtig! – ohne dich selbst dafür zu verurteilen. Wenn du dich jedes Mal, wenn deine Gedanken abdriften, danach mental geißelst, werden zwei Minuten Mindfulness zur Qual. Versuche stattdessen, dich zu freuen, dass du mindful genug warst, um festzustellen, dass du gedanklich abgedriftet bist. Und dann kehrst du wieder zu 1. zurück: Dem Beobachten deines Atems.

Diese Lernerfahrung wird bei Wiederholung zu einem neuen Denkmuster, das dich in Zukunft dabei unterstützt, dich automatisch weniger in Gedanken zu verlieren. Und wenn es doch passiert, dies schneller festzustellen – also achtsamer zu sein. Und das hat einen wahnsinnigen Einfluss auf deine Performance, deine Fähigkeit, mit Menschen in echten Kontakt zu treten und deine Lebensfreude im Allgemeinen. Es geht bei dieser Übung nicht darum, einen Gedanken zu verändern oder wegzudrücken. Wer das schon mal versucht hat, weiß, dass das im Gegenteil dazu führt, dass der Gedanke noch stärker wird: Energy flows, where the attention goes! Die Dinge, gegen die wir im Widerstand sind, verstärken sich erst durch unsere Aufmerksamkeit. Wenn wir also denken: Jetzt bloß nicht rot werden, jetzt bloß keinen Fehler machen, lenken wir genau dort unsere Aufmerksamkeit hin und erzeugen durch den Gedanken erst die Tatsache, die wir eigentlich vermeiden wollten.[88] Es geht vielmehr darum, unsere Beziehung zu unseren Gedanken zu verändern. Also das Aufkommen eines Gedankens interessiert zu registrieren, aber dann ohne Mühe zum Beobachten des Atems zurückzukehren. Das ist wie Trockenschwimmen für die Krisensituationen deines Lebens. Denn genau dieser Mechanismus kommt dir dann zugute, wenn ängstliche, verurteilende oder kritische Gedanken in einer Performance-Situation (einer Präsentation, einem Wettkampf, einem Konfliktgespräch) auftauchen. Diese kannst du nun wertschätzend beobachten und dann deinen Fokus wieder auf die aktuelle Aufgabe legen. Wie du siehst, kannst du neben dem Auffüllen der PFC-Speicher mit vielen weiteren positiven Nebenwirkungen von Meditation rechnen. Wenn es dir gelingt, deinen Präfrontalen Cortex dauerhaft mit genügend Energiereserven zu versehen, kannst du den inneren Schweinehund direkt an Ort und Stelle begraben, mehr Dinge tun, die dir wirklich wichtig sind und Facepalms nur noch durchführen, wenn du reaktives Verhalten bei anderen beobachtest.

---

[88] Willkommen im Land der selbsterfüllenden Prophezeiungen, des Placebo- und Pygmalioneffekts.

Facepalm

Mit Meditieren experimentieren

Folge den Anregungen weiter vorne im Text, und versuche es. Fang klein an, setze dich hin und stelle den Timer auf 5 Minuten. Am besten machst du es dir zur Gewohnheit und baust es in die Morgen-, Abend-, oder Mittagsroutine ein.

Anti-Facepalm-Momente in den Alltag integrieren

Du musst dich nicht immer hinsetzen mit Räucherstäbchen, um deinem PFC etwas Gutes zu tun. Lass einfach mal dein Handy liegen, wenn du auf jemanden wartest oder schaue morgens nicht drauf, bis du das Haus verlässt. Beobachte kurz deinen Atem, wenn du an der Ampel oder der Supermarktkasse stehst. Je häufiger du deinem Hirn Ruhe gibst, desto mehr Ressourcen hast du übrig, um die Dinge umzusetzen, die dir wirklich am Herzen liegen. Du bist die bessere Version von dir selbst, wenn du genügend Kapazitäten im PFC hast.

Verbessere deinen Schlaf!

Es gibt viele Möglichkeiten, neben der Quantität auch die Qualität des Schlafs zu erhöhen:

- **Vor dem Schlafen nicht mehr aufs Handy, den Laptop oder Fernseher schauen. Das Licht erinnert uns zu sehr an Tageslicht und unterdrückt so die Hormone, die uns beim Einschlafen helfen. Zudem wühlen uns die Dinge, die wir dort sehen eher auf, anstatt unser System herunterzufahren.**
- **Einschlaftee mit Baldrian trinken**
- **Direkt vor dem Schlafen meditieren oder Yoga machen**
- **Noch ein paar Seiten lesen (machst du ja sowieso schon)**
- **Zur Beruhigung leichten (natürlichen) Lavendelgeruch im Schlafzimmer verbreiten**

Facepalm

Wie bei allen Dingen, lohnt es sich, zu schauen, was am besten bei dir funktioniert. Aber nimm die Dinge nicht einfach so hin, sondern stelle mal spielerisch deine Abendroutine auf den Kopf (gern auch im wahrsten Sinne des Wortes)!

Kapitel 19

Konflikte flicken: Flick dich selbst![89]

Ich gebe in diesem Buch selten Empfehlungen für die Lesereihenfolge, hier mache ich eine Ausnahme. Lies dieses Kapitel erst, wenn du die meisten anderen schon hinter dir hast.[90]

Ein Großteil unseres Ärgers und unserer Unzufriedenheit entsteht durch die Begegnung mit anderen Menschen. Zumindest kommt uns das so vor. In Wahrheit sind sie jedoch nur der perfekte Spiegel für die Probleme im Umgang mit uns selbst: Sie sind vielleicht der Auslöser, nicht aber die Ursache der Probleme, die in unserem Kopf entstehen. Wir bewerten Menschen und deren Verhaltensweisen nie mit objektiven Maßstäben, sondern immer gefiltert durch unsere verzerrte Wahrnehmung. Wenn wir irritiert, enttäuscht, verletzt sind, dann liegt das vor allem an unseren persönlichen Erfahrungen oder Erwartungen.

89   Es geht ums Flicken! Für jede andere Lesart übernehme ich keine Haftung.
90   Besonders: *Mindfog, Ich denke, also spinn' ich, Die Toten Winkel des Ego, Perspektiefe.*

Es braucht keine zwei Menschen für eine *glückliche* Partnerschaft, es braucht nur einen: *dich!*

Byron Katie

Konflikte flicken

Wenn du diesen Gedanken weiterverfolgst, dann könntest du dich eventuell empören: »Willst du damit alles Leid auf der Welt rechtfertigen? Was ist mit Krieg, Hunger und Unterdrückung? Diese Menschen erschaffen ihr Leid also auch in ihren Köpfen?« Wenn wir erkennen, dass wir mit allem verbunden sind, werden wir alles dafür tun, dass Krieg, Hunger, Krankheiten und jede Form körperlichen Leids auf diesem Planeten ausgemerzt werden. Aber selbst hier zeigt sich, dass manche Menschen völlig traumatisiert aus einer Situation gehen und noch Jahrzehnte daran leiden, während andere nach vergleichbaren Tragödien kurze Zeit später kein Leid mehr empfinden. In dem Moment, wo der extreme körperliche Schmerz abgeklungen ist, ist es eine Frage der eigenen Bewertung. Im Jetzt ist alles in Ordnung. Schmerz wird zur Pein, wenn wir ihn entweder erinnern oder fürchten, ihn in Zukunft wieder erleben zu müssen. Die großartige Psychologin Dr. Edith Eva Eger[91] beschreibt, wie sie in einem Krankenhaus zwei Soldaten am selben Tag mit demselben Schicksal angetroffen hat: Bei einem Kriegseinsatz erlitten sie so schwere Verletzungen, dass sie ihre Beine nicht mehr würden benutzen können. Während der eine in Embryostellung im Bett liegend das Leben verfluchte, war sein Kamerad im Park unterwegs. Er freute sich, dass er im Rollstuhl sitzend nun näher an den Blumen war und hatte das Gefühl, dass das Leben ihm eine zweite Chance gegeben hatte. Viktor Frankl konnte seinen persönlichen Sinn in seinen Erfahrungen im Konzentrationslager der Nazis finden und so auch während dieser denkbar furchtbarsten Zeit Momente des absoluten Glücks empfinden. Das Entscheidende an dieser Haltung ist die Selbstverantwortung. Es geht nicht darum, andere Menschen zu verurteilen, wenn sie an ihren Umständen leiden oder gar ihr Schicksal zu verharmlosen. Leid ist immer genauso stark (oder schwach), wie es in dem Moment von der betroffenen Person wahr-

---

91   Was für ein Name! Könnte von mir kommen.

genommen wird. Das ist die einzige Realität, der Maßstab, wenn wir helfen wollen. Wir stecken nicht in ihren Köpfen und können nicht sehen, wie schwer es ihnen fällt, eine andere Perspektive einzunehmen. Diese Geschichten sollten immer nur für uns selbst eine Erinnerung sein. Wir könnten beides sein: Zusammengerollt über Jahre im Selbstmitleid versinkend oder im Rollstuhl im Park die Schönheit der Welt bestaunend. Ich würde aus eigener Erfahrung dringend davon abraten, geliebte Personen im Umfeld darauf hinzuweisen, dass ihre Wut über dich nichts mit dir zu tun hat. Wenn du es doch tust, sei bereit für ein Feuerwerk der Wutexplosion, dass sich vor deinen Augen entfalten wird.

Die oben beschriebenen, schrecklichen Tragödien sind für die meisten von uns absolute Ausnahmesituationen, im Angesicht der dunkelsten Seite der menschlichen Existenz. Aber nach jedem vermeintlich kleinen oder großen Unglück gilt für jeden die gleiche Frage: Wie wollen wir mit der Situation umgehen? Lass uns das Ganze doch an einem konkreten Beispiel von dir testen:

Experiment

Nimm dir die Zeit und denke an ein Ereignis, bei dem dich eine andere Person genervt, enttäuscht oder verärgert hat. Das kann eine Kleinigkeit oder ein großer Streit gewesen sein. Mit einer Mitarbeiterin, einem Kollegen oder deiner Chefin. Ein Lebenspartner, eine gute Freundin oder ein Familienmitglied.[92] Hast du schon eine Person im Kopf? Wenn du Schwierigkeiten hast, eine Situation zu finden, nimm dir etwas Zeit. Vielleicht ist es schon länger her oder aktuell nicht mehr so akut. Was hat die Person getan, dass du enttäuscht, sauer, wütend oder traurig warst? Finde eine konkrete Situation und versetze dich so gut es geht in sie zurück. Wenn du keinen akuten Groll hegst, lohnt es sich trotzdem eine Situation hervorzukramen, in der du irgendwann einmal wütend warst.

Konflikte flicken

In der Theorie weißt du bereits, was zu tun ist. Nimm den Gedanken wahr: »Ich bin sauer/enttäuscht/traurig, weil Person A die Handlung B vollführt hat«, aber nehme ihn nicht für wahr. Denn du erschaffst diesen Tatbestand und dessen Bewertung in deinem Kopf. Auch deine emotionale Reaktion oder Empörung ist Produkt deiner subjektiven Variante von Realität. Woher kannst du wissen, was die genauen Absichten der Person waren – vor allem, wenn du mit ihr nicht wirklich offen darüber gesprochen hast? Andere Personen wären in dieser Situation vielleicht nicht so enttäuscht. Das merkst du recht schnell, wenn du mit ehrlichen Personen im Umfeld sprichst und diese sagen: »Sei doch nicht so streng, das kann doch jedem passieren! So schlimm finde ich das gar nicht.« Oder noch interessanter: Wenn du selbst die Person bist, die anderen bei ihren Konflikten sagt: »Warum bist du so streng? Du verrennst dich da in etwas!« Wann immer du sauer auf eine andere Person bist, hast *du* dich in etwas verrannt. Sonst wärst du ja nicht sauer.

Vielleicht gelingt es dir auf diese Weise, die Geschichte, die du mit der anderen Person hast, allein über das Reflektieren loszuwerden und wieder frei zu interagieren. Wenn die Verletzung tief sitzt, kann es gut sein, dass, bewusst oder nicht, noch ein Restärger verbleibt. Dann reagierst du empfindlicher auf Verhaltensweisen dieser Person und merkst, dass noch immer etwas zwischen euch steht. Du bist die Person, die es von dort entfernen kann.

In dem Fall kann *The Work* von Byron Katie unterstützen. Ich habe bei mir selbst und anderen die Wirksamkeit dieses Werkzeugs

---

92 Wenn du schon sehr viel Selbstverantwortung für deine Probleme übernommen hast, kann es sein, dass du nur noch Probleme mit dir selbst und deinem Denken hast. Nimm aber trotzdem eine Situation, wo du durch das Verhalten anderer irritiert warst. So ist der Prozess besonders aufschlussreich.

immer wieder beeindruckt beobachten können. Sowohl bei meiner Teilnahme an ihrer zehntägigen *The School for the Work* mit 450 Teilnehmer*innen als auch bei der Anwendung in meinen Coachings und Seminaren. Ihr Ansatz ist Meditation mit Forschergeist, das Entlarven der stressverursachenden Gedanken als das, was sie sind: Fake News. Dafür hat sie einen Prozess mit vier Fragen plus Umkehrung entwickelt. Er ist sehr simpel, benötigt aber etwas Übung zur perfekten Anwendung. Vor allem die emotionale Grundlage des Prozesses, das meditative Rein-Fühlen in die vergangene Situation, fällt nicht jedem auf Anhieb leicht. Am besten hat man beim Durchführen dieses Prozesses einen Partner oder Coach, der einem wirklich zuhört und die Fragen an der richtigen Stelle stellt. Du kannst ihn aber auch allein, im Dialog mit dem Buch in deinen Händen durchgehen.[93] In jedem Fall solltest du die Antworten laut formulieren oder aufschreiben. Wenn du nur mit dem Buch sprichst, kann eine Audioaufnahme helfen, das Gefühl des Zuhörens zu verstärken. Nur im Kopf gedacht, schlüpfen dir die Gedanken schnell wieder durch die Finger und dein Verstand windet sich mit Rechtfertigungen und abmildernden Einwürfen aus der Affäre. Wenn du gerade keine Lust hast, den Fragebogen ernsthaft anhand eines eigenen Problems durchzugehen, kannst du natürlich auch nur drüber lesen. Aber den Kern dieses Werkzeugs zur Selbsterforschung wirst du nur verstehen, wenn du dir die Zeit nimmst, es an einem eigenen Thema ernsthaft durchzugehen.

Hole die Situation von weiter oben wieder hervor. Wenn durchs Lesen eine weitere hochgekommen ist, kannst du auch die nehmen. Bitte nimm aber nur ein Problem, mit dem du dich komfortabel genug fühlst, es ohne professionelle Unterstützung durchzugehen.

---

93 Bücher sind in der Regel auch geduldigere Zuhörer als die meisten Menschen in deinem Umfeld.
94 Ich kann davon ein Liedchen singen, ach was, ein ganzes Album!

Konflikte flicken

Dies hier kann kein Ersatz für eine Therapie oder ein professionelles Coaching sein.

The Work von Byron Katie anwenden: Zwei Bemerkungen für das bessere Gelingen, basierend auf Empfehlungen von Byron Katie und meinen eigenen Erfahrungen: 1. Sei beim Beantworten der Fragen radikal ehrlich zu dir, lass jeden Gedanken zu und spreche ihn aus, egal wie kurz er durch deinen Kopf gehuscht ist. Wir neigen dazu, solche Sätze direkt wieder zu relativieren.[94] Für diesen Prozess lohnt es sich, jedem Gedanken, ist er auch noch so abstoßend, nachzugehen. 2. Nimm dir Zeit nachzuspüren. Dies ist keine rationale Tätigkeit, sondern eine meditative, emotionale Angelegenheit. Entscheidend ist, dass du dich vor den Fragen nochmal genau in die Situation hineindenkst:

- Wo warst du, wie sah der Raum aus?
- Welche Jahreszeit?
- Wo stand die Person, die dich verärgert oder verunsichert hat?

Und dann bringe deine Gedanken in diese Form:
Ich bin ___ (z. B.: Wütend, enttäuscht, traurig) auf ___ (Name), weil sie/er ___ (z. B.: Gelogen hat, mich hintergangen hat, mich ausgenutzt hat). Ein Satz könnte also zum Beispiel lauten: »Ich bin sauer auf meinen Chef, weil er mir gegenüber immer so negativ ist.« Dieser Satz ist die Überschrift des Problems: »Er sagt nie, wenn etwas gut läuft, findet an meinen Vorschlägen immer etwas auszusetzen und ich habe ihn noch nie lächeln gesehen.« Für den Prozess ist es wichtig, dass du dir eine konkrete Situation vornimmst. Dann arbeitest du mit dem zweiten Teil des Satzes – hier:

»Mein Chef ist mir gegenüber immer so negativ.« – und erforschst ihn mit den folgenden Fragen. Lies am besten immer den ganzen Absatz pro Frage und beantworte sie dann laut, bevor du fortfährst.

Die erste Frage lautet: »Ist das wahr?« Fühle dich in die Situation, spüre hinein, und antworte mit Ja oder Nein. Beobachte, was sich richtiger anfühlt, nicht was dein Verstand dir vorgibt. Falls du mit »Nein« geantwortet hast, springe direkt zu Frage drei. Bei einem »Ja« mache mit der nächsten Frage weiter.

Frage zwei: »Kannst du mit absoluter Sicherheit wissen, dass das wahr ist?« Auch hier: Spüre hinein und finde die Antwort, die sich richtiger anfühlt.

Frage drei: »Wie reagierst du, was passiert, wenn du diesen Gedanken glaubst?« Hier spielt das Reinversetzen in die Situation sowie die gnadenlose Ehrlichkeit zu dir selbst eine ganz entscheidende Rolle. Was denkst du, was fühlst du, wie handelst du dir selbst und anderen gegenüber, wenn du diesen Gedanken glaubst? Wo in deinem Körper spürst du die Emotionen? Erst wenn du wirklich alle Perspektiven beleuchtet hast, gehe weiter zur nächsten Frage.

Nummer vier: »Wer wärst du ohne den Gedanken?« Versuche, es dir vorzustellen: Was wäre, wenn du in dieser Situation wärst und du hättest den Gedanken einfach nicht? Wie würdest du dich verhalten, wie würdest du dich fühlen? Wie sähe deine Beziehung zu der Person, wie sähe dein Leben aus? Sei so genau wie möglich.

Konflikte flicken

Nachdem du alle vier Fragen durchgegangen bist (und das kann durchaus ein Prozess von 10 Minuten sein oder länger), ist es Zeit für die Umkehrungen. Das ist mein persönlicher Lieblingsteil. Er funktioniert aber nur, wenn du die vier Fragen vorher sorgfältig durchexerziert hast. Dein Ausgangssatz kann ins Gegenteil, zu dir selbst und zur anderen Person umgekehrt werden. Beispiele dazu folgen weiter unten im Text. Wenn du eine Umkehrung formuliert hast, frage dich: Könnte der neue Satz genauso wahr sein oder vielleicht noch wahrer? Es muss nicht immer passen, aber manche Umkehrungen treffen den Nagel unangenehm genau auf den Kopf. Mein Ausgangssatz: »Mein Chef ist mir gegenüber immer so negativ« könnte auf die andere Person umgekehrt so lauten: »Ich bin meinem Chef gegenüber immer so negativ«. Wie fühlt sich dieser Satz an? Nun, wenn ich mich über meinen Chef beschwere, bin ich ja in diesen Momenten negativ. Vielleicht finde ich Situationen, in denen ich mich bei meinen Kollegen über ihn ausgelassen habe – alles andere als positiv. Das scheint also mindestens genauso wahr zu sein... Die Umkehrung ins Gegenteil lautet: »Mein Chef ist mir gegenüber nicht immer negativ«. Wie passt dieser Satz? Auch da fallen mir konkrete Beispiele ein: Neulich hat er mich sogar einmal vor versammelter Mannschaft gelobt, wenn ich ehrlich bin... Und die dritte Umkehrung auf mich selbst könnte auch spannend sein: »Ich bin mir gegenüber immer so negativ«. Gibt es hierzu Beispiele? Oh. Mist! Ja, das stimmt auch... Mache so lange weiter, bis du zu jeder Umkehrung alle Aspekte abgedeckt hast und dir keine weiteren Umkehrungen mehr einfallen.

Das kann dazu führen, dass du in einem *Heureka-Moment* allen Groll fallen lässt und dir die Absurdität deines Glaubenssatzes und deiner Enttäuschung bewusst wird. Manchmal fühlt es sich nur wie eine kleine Erleichterung an und erst über die Dauer verändert sich etwas. Ab und zu ist es auch noch nicht an der Zeit, dass du eine schmerzhafte Geschichte loslassen kannst. Bei diesem Prozess geht es nicht um die Frage der Schuld, sondern um das Aufdecken der wahren Ursache unseres Leids und wie wir es loswerden können. Endgültige Befreiung und tiefe Verbindung erlangen wir erst, wenn es uns gelingt, taktvoll Kontakt mit der Person zu suchen, nachdem wir *The Work* über sie gemacht haben.[95] Ein guter Einstieg ins Gespräch ist dein Anteil an der Verfahrenheit der Situation. Grundlage können die Gedanken sein, die dir bei den Umkehrungen gekommen sind.

Wenn du tiefer in *The Work* einsteigen möchtest, empfehle ich dir im nächsten Schritt, den »Urteile über deinen Nächsten«-Fragebogen herunterzuladen (Googeln!) und ein Problem einmal komplett durchzuarbeiten. Wenn es ein wirklich ernstes Problem ist, kannst du online auch nach einem/einer zertifizierten *The Work-Coach* suchen, um den Prozess begleitet durchzugehen.

Dieses Werkzeug/diese Fragen sollten nicht eingesetzt werden, um damit unbedingt etwas zu erreichen, denn über dieses starre Zielfokussieren stehst du dir selbst mit deinen Gedanken im Weg herum. Die Haltung sollte stets vom Forschergeist bestimmt sein, geprägt durch das Interesse am eigenen Verstand und dem Entlarven von limitierenden Denkmustern.[96]

---

[95] Darum geht es in dem Kapitel *TaktVollKontakt* ab S. 72.
[96] Mir war es wichtig einen *The Work-Crashkurs* in dieses Buch aufzunehmen. Wenn dein Interesse an der Arbeit von Byron Katie geweckt ist, schaue dir online ein paar Videos von ihr an und lies ihre Bücher.

Got a stressful story? Drop it!

Wir leiden immer an den Geschichten, die wir uns erzählen. Einer echten, innigen Beziehung zu allen Menschen um uns herum stehen nur unsere verurteilenden Geschichten im Weg. Versuche zur Übung allen Menschen, denen du neu begegnest – ob auf der Straße, bei einer Feier oder im Job – ohne eine Geschichte/ein Vor-Urteil gegenüberzutreten. Oder tausche dich bewusst neugierig mit Menschen aus, über die du bereits klare negative Vorstellungen hast. Beobachte, was passiert!

Can't drop the story? Work it!

Wenn du dich das nächste Mal über eine Person aufregst, lade dir online das »Urteile über deinen Nächsten«-Arbeitsblatt von Byron Katie herunter, fülle es komplett aus und gehe Satz für Satz jeweils die vier Fragen und Umkehrung durch. Du kannst auch eine andere Person bitten, dir die Fragen zu stellen, das macht es unterhaltsamer und wahrscheinlich erkenntnisreicher.

- ☑ Yoga
- ☑ Meditation
- ☑ Fasten
- ☑ Rad fahren
- ☑ Kreativität
- ☑ Leistung
- ☐ veganer Lifestyle
- ☐ Multitasking
- ☑ Laufen
- ☐ soziale Kontakte

Kapitel 20

Selbst-optimierung selbst optimieren.

Selbstoptimierung wird oft missverstanden und gehört daher in der Definition selbst optimiert. Lass uns dazu zunächst einen Tag auf zwei Weisen betrachten. Stell dir vor…

A. … du öffnest morgens die Augen und sofort schießt es dir durch den Kopf: »Oh no, ich muss ja jetzt Yoga machen!« Kurz darauf hängst du schwitzend kopfüber in unangenehmen Verrenkungen. »Asanas heißt das in Sanskrit«, sagt die heilig lächelnde Youtube-Yogalehrerin und fährt fort: »Genieße den außerordentlichen Stretch und schenke dir selbst einen weiteren Atemzug in dieser Position«. 15 Minuten reine Folter! Was man nicht alles tut für eine gute Instagram-Story. Anschließend noch 10 Minuten mit einer App meditieren: »Soll den Stress reduzieren!«, haben sie gesagt. »Dann kannst du dich extrem gut auf deine Arbeit konzentrieren«, haben sie gesagt. Aber allein der Gedanke, gleich wieder deinen

Atem beobachten zu müssen, lässt eben diesen in vorauseilendem Ungehorsam stocken. Frühstück fällt aus – *Intermittent Fasting* nennt man das jetzt. Anschließend geht es mit dem Fahrrad durch den Regen zum Büro. Hier hatte man auch mal mehr Ruhe, als weniger Post-Its geklebt wurden und alles seine Ordnung hatte. Zum Mittag gibt es einen Salat mit veganem Hähnchen. Fragwürdige Konsistenz. Nach der Arbeit auf dem noch nassen Sattel *(igitt!)* wieder nach Hause. Da hilft nicht einmal die Sonne, um dich wieder aufzuheitern. Direkt danach in die Joggingklamotten. Der Traumkörper kommt schließlich nicht von allein. Abends bist du so ausgelaugt, dass du eigentlich nur noch vor den Fernseher liegen willst. Aber du musst dich ja noch um deine Lieben kümmern.

B. ... nach dem Aufstehen geht es direkt auf die Yogamatte – herrlich! Du bist so froh, dass das zur Gewohnheit geworden ist. Die Verspannungen der Nacht zu lösen und nicht überhetzt in den Tag zu stolpern, schenkt dir viel Lebensqualität. Um dich in den Tag einzugrooven, hängst du direkt im Anschluss noch eine kurze Meditation an. Die Gedanken driften zwar immer wieder ab, aber das ist ja selbstverständlicher Teil des Ganzen. Statt dir morgens direkt unnötige Kohlenhydrate in Form von Brötchen reinzuhauen und Insulinexplosionen im Blut zu verursachen, hast du für dich entdeckt erst gegen 12 Uhr zu essen. Trotz Regen nimmst du das Fahrrad zur Arbeit – das soll dir erstmal einer nachmachen! Unterwegs musst du laut lachen, so absurd nass bist du geworden. Im Büro angekommen erstmal unter die Dusche. Die Arbeit ist viel unterhaltsamer geworden, seitdem du deine Gewohnheiten

Selbstoptimierung

Wenn *Stressabbau* zum Stress wird, ist Selbstoptimierung pervertiert.

in Frage stellst. Mittags lecker vegan essen, das wolltest du schon immer mal ausprobieren. Auf dem Heimweg scheint die Sonne und du freust dich schon auf eine kleine Runde Laufen am Abend, denn da wird der Kopf immer so schön frei. Die Zeit danach mit deinen Liebsten wirst du völlig präsent und ausgeglichen verbringen können.

Der Tagesablauf ist bei beiden Varianten – es könnten zum Beispiel zwei verschiedene Tage der gleichen Person oder auch zwei verschiedene Personen sein – im Grunde identisch. Doch die Haltung gegenüber dem Verhalten ist grundverschieden. Das ändert alles. Wenn du Selbstoptimierung betreibst (wie Perspektive A), weil du das Gefühl hast, nicht genug zu sein oder weil du denkst, dass dein Leben dann endlich irgendwann lebenswert wird, endest du schnell in der *Um-zu-Falle*[97]. Im tagtäglichen Streben baumelt die Karotte am Stock direkt vor der Nase. So nah und doch nie erreichbar. »Eines Tages, wenn ich mich genug anstrenge, werde ich glücklich sein können: Traumbody, inneres Dauerlächeln, sweete Luxus-Suiten, beneidenswerte Lebenspartner an meiner Seite«. Das Glück ist auf diese Weise nicht einzufangen, egal wie viel Gas du gibst. Du hast es längst überholt! Konzepte dieser Art finden sich in zahllosen Büchern der American-Dream-Philosophie: »Wenn ich es geschafft habe, schaffst du es auch, hol dir die Millionen!«. Der Rapper Kollegah beschreibt in seinem Buch mit den *10 Boss-Geboten*, wie er sieben Jahre auf dem Fußboden geschlafen hat, um sich abzuhärten für mögliche Schmerzen in der Zukunft. Dieses Beispiel spiegelt seine Grundphilosophie: »Wenn du brutal hart arbeitest, weit über deine Grenzen gehst, dann kannst du eines Tages ein genauso beneidenswertes Leben führen wie ich – das ist Alpha!«[98] *Aber:* Wenn du jetzt nicht glücklich bist, wirst du auch mit jeder Menge Kohle auf deinem Konto nur eine traurige

Selbstoptimierung

Millionärin. Das Suchen im Außen wird immer ein Karotten-Race bleiben. Glück entsteht im Kopf und deine Gedanken verändern sich nicht proportional zu deinem Kontostand ins unermesslich Positive.

Wenn es dir gelingt, jeden Augenblick so zu akzeptieren, wie er ist, ist alles – inklusive dir und deiner Mitmenschen – schon immer gel(i)ebte Perfektion. Wenn du diese Haltung in dir trägst, kannst du sie auch auf einen scheinbar durchgetakteten Tagesablauf – wie in Perspektive B – anwenden. Aber nicht, um damit aufopfernd einem zukünftigen Ideal hinterherzuhecheln, sondern einfach so, weil es sich richtig anfühlt. Wenn du alles mit Freude tust, dann kannst du auch Dinge tun, von denen du weißt, dass sie deine Energie und Gesundheit erhalten. Mit dieser Einstellung wird es sogar natürlich für dich sein, eingerostete Rituale in Frage zu stellen und neugierig zu schauen, was Verhaltensweisen jenseits der eigenen Gewohnheiten und Glaubenssätze in dir auslösen. Erich Fromms Schablone vom »*Haben und Sein*« bietet sich an, um die beiden Perspektiven abschließend gegenüberzustellen: Die Form der Selbstoptimierung aus Perspektive B könnte man auch Selbst-Kreativität[99] nennen. Denn es gibt nichts zu optimieren, nur spielerisch zu experimentieren, um dann die Ergebnisse neugierig zu betrachten. Das kann immer nur im Augenblick stattfinden, aus dem Modus des Seins heraus, indem wir feststellen, dass jetzt alles optimal ist. Wenn es in der Optimierung um ein

---

97 Siehe dazu auch das Kapitel *Morgen leb' ich im Jetzt, versprochen!* ab S. 146.
98 Wenn man seine Entwicklung über die letzten Jahre verfolgt, könnte man die These aufstellen, dass sich neben augenscheinlichem finanziellen Erfolg eine schrittweise Erosion seiner mentalen Klarheit vollzogen hat. Auf dem Fußboden zu schlafen scheint auf Dauer nicht ohne Nebenwirkungen zu bleiben.
99 Auf diese kreative Namensfindung ist meine Coach-Kollegin und Freundin Fong Chen (Jennifer) Chiu von *Working in the Zone* gekommen, als wir über das Thema diskutiert haben.

Haben in der Zukunft geht, wie in Perspektive A, um das Ausbauen des eigenen Status oder das Hinarbeiten auf ein abstraktes Ideal, sehen wir vor lauter Karotten die Schönheit des Augenblicks nicht. Wenn Stressabbau zum Stress wird, ist Selbstoptimierung pervertiert.

Selbstoptimierung ist Weltoptimierung und Weltoptimierung ist Selbstoptimierung. Wenn alles eins ist[100] – verbunden über Atome, die Luft, die wir atmen und Freundlichkeits-Kettenreaktionen – lässt sich beides nicht voneinander trennen. Unser gesamtes Umfeld profitiert, wenn wir ausgeglichener, reflektierter, gütiger, kreativer und offener handeln. Und wir wiederum profitieren von unserem Umfeld. Wenn wir unser Glück mehr bei uns und nicht mehr so sehr in äußerlichen Dingen suchen (Maybach, Mode, Malediven), profitiert unser gesamter Planet. Wenn dir im Flow die All-Verbundenheit der Dinge bewusst wird, wirst du automatisch wieder zu der mitfühlendsten Version deines Selbst, die du unterwegs vielleicht vergessen hattest zu sein.

---

100 Ausführliche Gedanken dazu findest du im Kapitel *WIR ist das neue MIR* ab S. 34.

Weltoptimierung zur Selbstoptimierung

Wir sind nur Gäste hier, unsere knapp 100 Jahre auf diesem Planeten sind nur ein Blinzeln in der Geschichte. Lass uns doch sehen, dass wir irgendetwas Sinnvolles in dieser Zeit leisten. Dass wir unsere Erde samt Lebewesen zumindest ein bisschen besser hinterlassen, als wir sie vorgefunden haben.

Tun

... nur um seiner selbst willen. Aus der Freude am Entdecken oder dem Helfen anderer und nicht aus dem Druck der Veränderung.

Auch mal nichts tun

Es ist alles perfekt, wie es ist.

Outro

Unfog Your Mind bedeutet für mich auch Unfog Your World. Wir stehen vor so vielen Herausforderungen weltweit: Krieg, Hass, Rücksichtslosigkeit, Verschwendung, Tierquälerei, Verfolgung ... Wenn wir Veränderung im Großen schaffen wollen, brauchen wir auch die Veränderung im Kleinen: bei uns! Mahatma Gandhi soll gesagt haben: »Sei du selbst die Veränderung, die du der Welt wünschst«. Wenn wir uns nicht selbst akzeptieren können, wie wir sind, wird es uns schwerfallen, Toleranz anderen gegenüber aufzubringen. Wenn wir permanent gestresst und überarbeitet sind, haben wir gar nicht die Kapazitäten, um anderen oder gar der Welt zu helfen. Wie wollen wir den Weltfrieden jemals herstellen, wenn wir im permanenten K(r)ampf gegen

uns selbst und unsere Mitmenschen sind? Es funktioniert aber auch anders herum: Wenn du anfängst, der Welt zu helfen, kann dies auch einen positiven Einfluss auf dich und dein Wohlbefinden haben. Ich hoffe, mit diesem Buch einen Beitrag leisten zu können, zu weniger Mindfog im Kleinen und weniger Worldfog im Großen. Wenn wir uns gegenseitig ständig an das Gute erinnern, können wir Schritt für Schritt die ganze Welt zu einem schöneren Ort machen. Und der erste Schritt kann nur von dir kommen und immer wieder jetzt! Ich hoffe, in dir eine*n Verbündete*n zu haben. Los geht's!

Über den Autor

Foto: Jamie Lee Arnold

Leander Govinda Greitemann, geboren 1986, hat an der Universität Mainz Soziologie, Philosophie und Betriebswirtschaftslehre studiert. Während des Studiums beginnt er seine Zusammenarbeit mit dem Institut für Angewandte Kreativität, wo er seit 2014 Partner ist. Seither inspiriert er als Live-Philosoph in Seminaren und interaktiven Impulsvorträgen Menschen und ermutigt sie, aus ihrer üblichen Weltsicht auszubrechen, um leichter, liebevoller und kreativer durchs Leben zu gehen. Die erste Auflage von *Unfog Your Mind* wurde 2020 exakt am ersten Tag des ersten Lockdowns im Verlag angeliefert und entwickelte sich trotz widriger Startbedingungen inmitten der Corona-Zeit über die Jahre zu einem leisen Bestseller und liegt nun in der 6. Auflage vor. Wenn Leander Greitemann keine Bücher schreibt, spricht er in seinem Podcast Gleichmutproben mit Alexander Metzler über die großen Themen des Lebens, veranstaltet Retreats, Seminare und andere öffentliche Formate, die einen noch intensiveren Zugang zu den Themen aus seinen Büchern ermöglichen. Zudem ist er (Handpan-)Musiker, spielt Konzerte und gibt musikalische Workshops und Einzelcoachings. Weitere Inhalte, Infos, Videos und Termine zu seinen öffentlichen Veranstaltungen: *www.leandergovinda.de* oder auf Instagram: *@leandergreitemann*

Zum Weiterlesen

Byron Katie: *Lieben was ist*
In diesem Buch beschreibt Katie sehr gründlich ihre Methode zur Selbsterforschung der Gedanken: *The Work*. Philosophisch liegt ihre Arbeit sehr nah an dem hier Dargelegten und bietet eine vertiefende Perspektive einiger meiner Ansätze.

Erich Fromm: *Haben oder Sein*
Obwohl schon 1979 geschrieben, ist diese kritische Gesellschaftsbeschreibung heute mindestens genauso relevant – wenn nicht sogar noch relevanter – als damals. Wenn wir 1979 schon nicht die richtigen Schlüsse aus diesem Werk gezogen haben, so lass es uns wenigstens heute tun.

Rutger Bregman: *Im Grunde Gut*
DAS Heilmittel gegen Weltschmerz und Hoffnungslosigkeit. Rutger ist einer der größten Denker meiner Generation. Mit akribischen Recherchen und wissenschaftlicher Fleißarbeit zeigt er unterhaltsam auf, dass der Mensch im Kern nicht schlecht, egoistisch oder habgierig ist, wie uns oft weisgemacht wird, sondern im Grunde gut.

Dalai Lama, Desmond Tutu, Douglas Abrams: *Das Buch der Freude*
Ein wunderschönes Buch über das Zusammentreffen zweier alter Freunde (und Friedensnobelpreisträger). Das Buch dokumentiert ein Treffen der beiden Weisen des Buddhismus und Christentums, bei dem sie sich über ihre verblüffend kohärenten Ansichten zum Thema Freude austauschen.

Karolien Notebaert, Peter Creutzfeldt:
Wie das Gehirn Spitzenleistung bringt
Hier werden die Grundlagen der Meditation aus der Perspektive der Neurowissenschaften sowie des Coachings und des Einsatzes im Privatleben sehr anschaulich und praktisch beschrieben. Absolute Empfehlung!

2. Auflage
Gestaltung: Katrin Schacke
248 Seiten im Format 13,5 x 20 cm
Fadengeheftetes Flexcover mit Prägung
32,- EUR
ISBN 978-3-87439-968-5

Unfollow Your Dreams
Leben, Ziele, Sinn und Erfolg neu denken

»It's a Trap!« Wir haben gelernt, unser Leben an einem großen Warum auszurichten, den Sinn zu suchen, den Purpose.
Wir haben gelernt, dass ein Ziel dem Leben Richtung gibt. Und dass die strenge Fokussierung auf dieses Ziel gepaart mit Ehrgeiz oder mindestens mit Engagement zu Fortschritt und Erfolg führt. Und dass Erfolg uns glücklich macht.
Doch oft führt dieser Weg ins Hamsterrad.
Was, wenn alles ganz anders wäre? Vielleicht ist alles viel leichter? Leander Greitemann befreit uns aus der Erfolgsfalle. Reißt uns aus den Träumen, denen wir hinterherhecheln und dabei zu leben vergessen. Weckt uns auf mit Denkanstößen für ein erfülltes und leichteres Leben, das nicht erst am Ziel beginnt, sondern genau in diesem Moment!

Impressum

© 2020
Verlag Hermann Schmidt und beim Autor
6. Auflage 2025

Alle Rechte vorbehalten.
Dieses Buch oder Teile dieses Buches dürfen nicht ohne die schriftliche Genehmigung des Verlages vervielfältigt, in Datenbanken gespeichert oder in irgendeiner Form übertragen werden.

Die automatisierte Analyse dieses Werkes, um daraus Informationen, insbesondere über Muster, Trends und Korrelationen gem. § 44b UrhG (»Text und Data Mining«) zu gewinnen, ist untersagt.

Text Leander Greitemann
Gestaltung Katrin Schacke
Satz Anna-Maria Koptenko
Lektorat Karin Schmidt-Friderichs
Korrektorat Sandra Mandl
Foto Jamie Lee Arnold
Verwendete Schriften Ingeborg, Noyh
Papier Inhalt: 100 g/m² Circle Offset Premium White, FSC
Umschlag: 350 g/m² Gmund Moonlight, White Shadow, FSC
Prägeform Hinderer + Mühlich, Göppingen
Prägung Memminger MedienCentrum
Druck Memminger MedienCentrum
Weiterverarbeitung
Buchbinderei Schaumann, Darmstadt

Stay tuned!
Alle zwei bis vier Wochen versenden wir Newsletter, in denen wir über aktuelle Neuerscheinungen, Veranstaltungen und Aktionen informieren. Abonnieren auf www.verlag-hermann-schmidt.de

verlag hermann schmidt
Gonsenheimer Straße 56
55126 Mainz
Tel. 0 61 31/50 60 0
Fax 0 61 31/50 60 80
info@verlag-hermann-schmidt.de
facebook: Verlag Hermann Schmidt
twitter/instagram: VerlagHSchmidt

ISBN 978-3-87439-933-3
Printed in Germany with Love.

Wir übernehmen Verantwortung.
Nicht nur für Inhalt und Gestaltung, sondern auch für die Herstellung. So ist das Buch auf 100 % Recyclingpapier klimaneutral gedruckt. Zur CO_2-Kompensation wurden durch ClimatePartner Klimaschutz- und Aufforstungsprojekte unterstützt.

Darüber hinaus entspricht das Papier (wie das fast aller unserer Bücher) den Standards der Kategorie »FSC Mix«, denn auch die recycelten Papiere stammen aus sozial, wirtschaftlich und ökologisch nachhaltig bewirtschafteten Wäldern.

Das Memminger MedienCentrum ist FSC-zertifiziert. FSC (Forest Stewardship Council) ist eine Organisation, die sich weltweit für eine umweltgerechte, sozialverträgliche und ökonomisch tragfähige Nutzung der Wälder einsetzen, Standards für nachhaltige Waldwirtschaft sichern und regelmäßig deren Einhaltung überprüfen. Durch die Zertifizierung ist sichergestellt, dass kein illegal geschlagenes Holz aus dem Regenwald verwendet wird, Wäldern nur so viel Holz entnommen wird, wie natürlich nachwächst, und hierbei klare ökologische und soziale Grundanforderungen eingehalten werden.

»Die Zukunft sollte man nicht vorhersehen wollen, sondern möglich machen.«
– ANTOINE DE SAINT-EXUPÉRY

Bücher haben feste Preise!
In Deutschland hat der Gesetzgeber zum Schutz der kulturellen Vielfalt und eines flächendeckenden Buchhandelsangebotes ein Gesetz zur Buchpreisbindung erlassen. Damit haben Sie die Garantie, dass Sie dieses und andere Bücher überall zum selben Preis bekommen: Bei Ihrem engagierten Buchhändler vor Ort, im Internet, beim Verlag. Sie haben die Wahl. Und die Sicherheit. Und ein Buchhandelsangebot, um das uns viele Länder beneiden.